Sebastian Maas

Gar es ohne Bares!

DAS KREATIVE KOCHBUCH
FÜR ALLE MIT KLEINEM GELDBEUTEL
UND WENIG ZEIT

PENGUIN VERLAG

FSC
www.fsc.org
MIX
Papier aus verantwortungsvollen Quellen
FSC® C021956

Klimaneutral
Druckprodukt
ClimatePartner.com/14044-1912-1001

Penguin Random House Verlagsgruppe FSC® N001967

2. Auflage 2022

Umschlaggestaltung: total italic / Thierry Wijnberg
Umschlagabbildung: © Christian Kerber
Satz: Vornehm Mediengestaltung GmbH, München
Druck und Bindung: Alcione-Litotipografia srl., Lavis
Printed in Italy
ISBN 978-3-328-10885-6
www.penguin-verlag.de

*Für Isi, die mein allergrößter Fan ist,
mich jeden Tag anfeuert und mir
die Kraft gibt, Neues auszuprobieren.*

*Für Mor, die mir kurz vor meinem 18. Geburtstag zeigte,
wie man eine Mehlschwitze macht – weil »Männer, die
nicht selbst kochen können, peinlich sind«.*

*Und unbekannterweise für Jamie,
der mich immer wieder daran erinnert hat,
wie viel Spaß Kochen bringt.*

Ohne euch hätte ich es nicht gemacht.

INHALTSVERZEICHNIS

VORWORT

Liebe Leserin, lieber Leser,

ich habe schon viel Mist in meinem Leben gegessen. In meiner Erinnerung gibt es zu viele Sonntagnachmittage, die ich verkatert in meiner Studentenbude vor dem Fernseher verbrachte. Dort goss ein aufgedrehter britischer Fernsehkoch literweise Olivenöl auf einen nobel aussehenden Salat, während ich im Wasserbad aufgewärmte Hackbällchen und Jägersoße in mich reinschob – und mir wünschte, es wäre etwas Leckereres. Das, was er da im Fernsehen kochte, konnte ich mir einfach nicht leisten. Dachte ich zumindest. Denn was mir fehlte, war nicht bloß das Geld. Mir fehlten die Ideen und der Mut, wie ich es leicht abgewandelt doch ausprobieren könnte.

Armut ist mehr als ein wirtschaftlicher Zustand. Armut bedeutet Enge. Sie ist ein Gefühl, das dich umklammert und in jeder Faser deines Körpers spüren lässt, nicht gut genug zu sein und festzuhängen. Alle Generationen sind von ihr betroffen, junge Menschen jedoch besonders. Zum ersten Mal seit der Nachkriegsgeschichte werden sie einen niedrigeren Lebensstandard haben als ihre Eltern.[1] Armut ist fast nie die Schuld der armen Person. Das System macht es ihnen allerdings nicht leicht, etwas zurückzulegen:

- Zum Beispiel, weil Berufseinsteiger:innen in Krisenzeiten zuerst entlassen werden.
- Oder, weil gerade mal 11 Prozent der Studierenden heute noch BAföG bekommen. Zur Einführung vor 50 Jahren war es fast die Hälfte aller Studierenden.[2]
- Weil Menschen, die 2021 eine duale Ausbildung begonnen haben, im schlimmsten Fall mit gerade mal 550 Euro vergütet wurden.[3]
- Und, weil zwischen unbezahlten Pflicht-Praktika, 450-Euro-Jobs, Hartz IV, kleiner Rente und stetig steigenden Mieten[4] niemand große Sprünge machen kann. Die Lebenshaltungskosten steigen, während Löhne, Vergütungen und staatliche Hilfen nicht hinterherkommen.

Für mich kamen erst nach der Uni und einem mager vergüteten Volontariat überhaupt die finanziellen Möglichkeiten hinzu, etwas auszuprobieren. Mein erstes »richtiges« Gehalt bekam ich kurz vor meinem 30. Geburtstag. Stark geändert hat sich meine Lebensweise seither nicht: Ich habe keine Kinder, wohne in einer (schönen, aber gemieteten) Zweizimmerwohnung und teile mir gemeinsam mit meiner Frau ein bald 25 Jahre altes Auto. Aber die Angst vorm leeren Konto am Monatsende ist weg. Und das ist ein Segen.

Denn erst als der wirtschaftliche Druck und die Sorge um den Kontostand am Monatsende geringer geworden sind, habe ich angefangen, in der Küche zu experimentieren und Kochen als Hobby zu begreifen. Und dabei gemerkt: Leckere und raffinierte Gerichte müssen nicht viel Geld kosten. Was hätte ich dafür gegeben, das früher zu wissen! Leider ist die Welt eine andere, wenn man kein Geld hat. Mal eine unbekannte Zutat einzukaufen und auszuprobieren, steht dann verständlicherweise nicht oben auf der Prioritätenliste.

Dabei kann man durch besser geplante Einkäufe und selbst gekochtes Essen nicht nur Geld sparen. Kochen ist für mich auch ein Quell des Selbstbewusstseins geworden, eine Ablenkung vom manchmal grauen Alltag und ein Weg, meiner Familie und Freund:innen eine Freude zu machen.

Dass ich bei all der Liebe fürs Kochen eines Tages mal ein Kochbuch schreiben würde? Hätte ich mir bis vor Kurzem nicht vorstellen können. Auch, weil der SPIEGEL eine großartige Kantine hat und mir oft die Arbeit abnahm. Doch dann kam Corona. Während ich diese Zeilen tippe, bricht für mich der 20. Monat im Homeoffice an. In dieser Zeit habe ich mir hier in Hamburg selbst Gerichte überlegt, zusammengesucht und angepasst, sodass man sie mit Zutaten aus dem Discounter kochen kann. Rezepte, die Anfängerinnen und Anfängern Lust aufs Kochen machen und alten Hasen in der Küche frische Impulse liefern.

Das Ergebnis dieser Arbeit hältst du nun in den Händen. Es ist eine Sammlung von brandneuen und bereits in meiner SPIEGEL-Kolumne »Kochen ohne Kohle« veröffentlichten Rezepten, Tipps und Tricks. Weil ich das große Glück habe, viel Post von aufmerksamen und kreativen Leserinnen und Lesern zu bekommen, sind zuvor erschienene Rezepte für dieses Buch teilweise überarbeitet, verfeinert oder ergänzt worden.

Bei der Kolumne habe ich mir zwei Regeln auferlegt: Ich darf keine teuren Spezialgeräte nutzen, und eine Portion darf nie mehr kosten als ein Mensa-Essen. Die teuersten Gerichte am Anfang des Buches liegen daher bei maximal 3 Euro pro Kopf. Nach hinten hin werden sie dann immer günstiger, um auch Ideen für das Monatsende zu bieten.

Neben den Rezepten findest du in diesem Buch Spartipps, die dir zeigen, wie man mehr aus Resten herausholen, smarter einkaufen oder unnötigen (teuren) Abfall vermeiden kann. Keiner dieser Tipps wird systematisch bedingte Armut beenden, weil die Schuld dafür nicht beim Einzelnen liegt. Aber die Ideen können vielleicht dabei helfen, den Druck etwas zu verringern und das Leben mehr genießen zu können.

Anders als in manch anderen Kochbüchern gibt es zu jedem Rezept eine Geschichte oder Gedanken von mir. Das ist vielleicht erst einmal unpraktisch beim Kochen, bietet aber (hoffentlich) den fehlenden Kontext, *warum* man etwas so macht und wie man es an den eigenen Geschmack anpassen kann. Notfalls kannst du meine ausufernden Erzählungen aber auch Kindern zum Einschlafen vorlesen oder damit ein paar Minuten im Bad überbrücken, falls du dein Handy vergessen hast.

Was mir noch wichtig ist: Viele Gerichte in diesem Buch stammen aus anderen kulinarischen Traditionen, zum Beispiel aus Indien, Israel und Thailand. »Authentisch« sind die Rezepte nicht. Erstens, weil ich sie an den schmalen finanziellen Rahmen der Kolumne und das Angebot deutscher Discounter angepasst habe. Und zweitens, weil ich eine Kartoffel bin, die mit Bratensoße in der Schnabeltasse groß wurde. Sieh meine Rezepte gern als Inspiration, andere Kochtraditionen kennenzulernen. Wenn du mehr über eine andere Küche erfahren möchtest, frag lieber jemanden, der damit aufgewachsen ist. Ich bin sicher, die Person freut sich über dein Interesse (oder noch mehr, wenn du ihr Kochbuch kaufst).

Zuletzt noch ein Hinweis: Wo es geht, verzichte ich in meinen Rezepten auf Fleisch und Tierprodukte. Selbst Billigfleisch ist im Vergleich zu anderen Zutaten oft sehr teuer – für das eigene Portemonnaie und für die Umwelt. Ich möchte aber niemandem vorschreiben, wie er oder sie zu leben hat, darum finden sich gelegentlich auch Hinweise, wann und wie man ein Rezept mit Fleisch ergänzen könnte. Im Nachhinein betrachtet wünschte ich für mich selbst, schon früher all die großartigen, frischen Lebensmittel und ihre Zubereitung ausprobiert zu haben, die uns neben Hühnerbrust und Kochschinken zur Verfügung stehen.

Ich hätte mir viele Konservierungsstoffe, Pfunde und auch Geld sparen können, wenn ich besser geplant, gekocht und gewirtschaftet hätte. Vielleicht hilft dir mein Buch dabei. Und selbst wenn du nicht sparen musst: Vielleicht findest du einfach ein paar leckere Rezepte, die dich satt und glücklich machen. Ich würde mich freuen!

Dein Sebastian Maas

Wie die Preise in diesem Buch berechnet sind

Als Kosten eines Gerichts gebe ich nur an, was die verbrauchten Zutaten gekostet haben. Der Anschaffungspreis kann also zunächst etwas höher sein, denn um 100 Gramm Mehl in einem Rezept zu verkochen, muss man in den meisten Fällen logischerweise erst mal ein Kilo kaufen. Ich habe in allen Fällen runtergerechnet, was die verbrauchte Menge prozentual vom Gesamtpreis kostete. Damit die Reste der Einkäufe nicht im Müll landen, finden viele Zutaten in mehreren Rezepten Anwendung oder lassen sich lange lagern.

Für alle Gerichte habe ich in Hamburg eingekauft, fast ausschließlich bei drei bekannten Discounterketten. Die Preise können trotzdem von den Angaben im Buch abweichen – zum Beispiel, weil Gemüsepreise saisonal schwanken und selbst Supermärkte derselben Kette unterschiedliche Preise und Werbeangebote bereithalten.

Anfang des Monats – Gerichte für drei bis zwei Euro

WRAPS MIT GEGRILLTEN PFIRSICHEN, HALLOUMI UND KARTOFFELCHIPS

Was kostet das?

Wenn die Pfirsiche im Sommer süß und günstig sind, bleibt eine Portion knapp unter 3 Euro pro Person.

Wie lange dauert das?

30 Minuten – plus die Zeit zum Anheizen des Grills, falls du das Gericht draußen zubereiten möchtest.

Das braucht man für zwei hungrige Personen

- 400 g Pfirsiche
- 200 g Halloumi oder anderer Grillkäse in Scheiben
- 4 Weizentortillas / Weizenwraps
- 2 Hände gesalzene Kartoffelchips
- 2 Hände Pflücksalat

Für das Dressing außerdem:

- 125 g Naturjoghurt
- 1 Tütchen Paprika-Kräuter-Salatdressing-Pulver

Wenn du selbst gern schnelle Fladenbrote für die Wraps zaubern möchtest, schau dir gern das Rezept für Parathas auf Seite 219 an.

Wer hart arbeitet, egal ob körperlich oder kreativ, darf und sollte sich zwischendurch Pausen gönnen. Das ist ein Ratschlag, den ich gern schon im Studium bekommen hätte. Da legte ich regelmäßig 16-Stunden-Schichten vor dem Computer ein, mit zwei Kannen Filterkaffee intus, um meine fälligen Hausarbeiten notdürftig vor Mitternacht fertig zu schustern.

Inzwischen beherrsche ich das mit dem Gönnen recht gut. Fast zu gut. Denn wenn ich ehrlich bin, gönne ich mir eigentlich durchgehend etwas. Nur leider keine sinnvollen Pausen, sondern Ramsch und unnötiges Zeug aus dem Internetkaufhaus.

Sich selbst für harte (oder gefühlt harte) Arbeit mit Einkäufen zu belohnen, ist im Kapitalismus ja zum gut geölten Geschäftsmodell geworden. Gerade am Anfang des Monats, nachdem das neue Gehalt oder BAföG da ist, kann man hier schnell in die Falle tappen. Rund um die Uhr werden uns Werbeversprechen ins Ohr geflüstert. Oft geht es darum, was man jetzt alles verdient hätte und welches Produkt einem hilft. Das teurere Duschgel reinigt nicht nur, sondern liefert gleich Aromatherapie und Wellnessoasen-Feeling mit? Gönn ich mir! Der Frühstückssaft macht gesund und schlau? Rein damit! Der Retreat im Wald stellt meine Produktivität wieder her? Hier ist meine Kreditkarte!

Das Paradoxe daran: Würden wir nicht so viel Zeug kaufen, hätten wir mehr Geld – und könnten vielleicht sogar weniger arbeiten. Das richtige Maß an Arbeit, Pause und Gönnung zu finden, ist nicht leicht.

Ich persönlich bekomme den Kopf beim Kochen besonders gut frei. Und vielleicht hilft dieses Rezept auch dir, wenigstens die Mittagspause für etwas Zerstreuung und Ruhe zu nutzen. Das einfache und schnell gemachte Gericht ist das Beste, was einem Pfirsich seit »Call me by your name« passiert ist. Er wird gegrillt und landet neben Grillkäse in einem süßen und gleichzeitig würzigen Wrap, der mit einer kleinen Portion Kartoffelchips zum Knuspern gebracht wird. Dazu gibt es die einfachste Joghurtsoße der Welt – schließlich wollen wir uns ja vor allem Zeit gönnen.

Entscheidend ist die Auswahl der Pfirsiche: Je süßer und weicher sie sind, desto besser. Denn der Zucker karamellisiert beim Grillen und erzeugt dadurch ganz andere Aromen, als es ein harter und saurer Pfirsich könnte. Wer nur harte Pfirsiche findet, bäckt sie nach dem Grillen noch kurz im Ofen und süßt dann gegebenenfalls etwas nach.

So einfach macht man Wraps mit Grillkäse und Grillpfirsich

Zuerst die Chips teilen: Die eine Hälfte kommt in einer Schale auf den Tisch, die andere dürfen der Koch oder die Köchin während der Zubereitung naschen.

Den Salat waschen und zum Abtropfen in einem Sieb beiseitestellen, die Pfirsiche ebenfalls waschen, dann vierteln und entkernen. Die Pfirsiche wandern für fünf bis sieben Minuten ohne Öl in eine heiße Grillpfanne oder auf den Grill. Wer beides nicht hat, kann einfach eine Pfanne nehmen, muss dann aber auf die schönen Grillstreifen verzichten. Bei der Zubereitung in Pfanne oder Grillpfanne nach der Hälfte der Zeit etwas Öl zugeben und durchschwenken. Auf dem Grill gelegentlich wenden.

Den Ofen auf 180 Grad Ober-/Unterhitze vorheizen.

Die Pfirsiche von der Hitze nehmen, bevor sie verbrennen. Sind sie noch zu hart, wandern sie für ein paar Minuten in den Ofen. Ist die Fruchtsüße nicht ausreichend, kann man mit einem Teelöffel Zucker nachhelfen.

Die vier Wraps gemeinsam in etwas Alufolie wickeln und für fünf Minuten in den Ofen legen. So trocknen sie nicht aus.

Den Grillkäse in etwa einen Zentimeter breite Streifen schneiden und dann in der Pfanne oder auf dem Grill von allen Seiten kurz anbraten – insgesamt vielleicht drei bis vier Minuten.

Die Salatkräuter-Mischung in den Joghurt rühren. (Es ist wirklich so einfach.)

Beim Anrichten alle vorbereiteten Zutaten nach Geschmack in den Wrap einrollen und die Chips nicht vergessen. Schnell reinhauen, solange der Käse warm und noch nicht quietschig ist!

ERDNUSSBUTTER-KNOBLAUCH-NUDELN

Was kostet das?

Wer die »Asien-Themenwochen«[5] im Discounter verpasst hat und in den regulären Supermarkt muss, reizt den Kochen-ohne-Kohle-Kostenrahmen ziemlich aus und landet bei 2,80 Euro pro Portion. Das ist aber immer noch günstiger, als essen zu gehen oder in die Ferien zu fliegen.

Wie lange dauert das?

Nur 15 Minuten! Plus eventuell die eine oder andere Expedition zum Supermarkt.

Was braucht man für zwei Portionen?

- 200 g lange, getrocknete Hartweizenpasta, z. B. Linguine oder Spaghetti, oder 400 g frische Udon-Nudeln
- 2 kleine Möhren
- ½ Salatgurke
- 1 rote oder gelbe Paprika

Für die Soße:

- 4 gehäufte EL Erdnussbutter mit Stückchen
- 2 Zehen Knoblauch
- 2 EL Sojasoße
- 2 EL Öl (am besten Sesamöl)
- 2 EL Essig (am besten Reisessig)
- 2 EL Chilisoße (eher Sriracha als Tabasco)

- 2 EL Wasser
- 1 daumengroßes Stück Ingwer
- 1 EL Honig, Agavendicksaft oder Zucker

Optional, als Garnitur:
- 2 Lauchzwiebeln
- 2 TL Sesamsaat
- ½ Limette

Während ich die Tüte mit den Einkäufen für diese Kolumne nach Hause trage, weht mir Schnee ins Gesicht. Wer noch nie in Hamburg war, weiß vielleicht nicht, dass Schnee hier weniger ein Zeichen von weiß leuchtender Winterromantik ist, sondern vor allem von grauem Matsch, grauem Himmel und grauen Gesichtern. Ich weiß, das behaupte ich an anderer Stelle in diesem Buch auch über den Herbst. Es tut mir leid, ich komme in letzter Zeit wenig raus. Und der nächste Urlaub ist aus naheliegenden (Corona-)Gründen nicht absehbar.

Um dem Pandemonium kurz zu entfliehen und meinem Kopf eine Auszeit zu gönnen, gibt es zu Hause nach einer warmen Dusche das absolute Gegenprogramm zum grauen Hamburger Winter: ein leuchtend buntes Sommergericht mit knackigem Gemüse und südostasiatischen Aromen, das in nur 15 Minuten fertig ist und obendrein in nur einem Topf zubereitet wird. Cremige Erdnussbutter trifft darin auf frischen Ingwer, würzigen Knoblauch und dampfende Nudeln. Ein echter Urlaub für die Geschmacksknospen. Und dankbar wenig Abwasch.

Vorweg: Mir ist es sehr wichtig, die kulturellen Wurzeln von Gerichten nicht zu verwässern oder irgendetwas als meine Idee zu verkaufen, was nicht meine Idee war. Ähnliche Nudelgerichte mit Erdnusssoßen kann man in Indonesien, auf den Philippinen oder bei amerikanisch-asiatischen Expats essen. Auf Instagram kann man der Lebensmittelfotografin Allie Tong (@allie.eats) aus San Francisco bei der Zubereitung eines solchen Rezepts zusehen.

Gleichzeitig dürfen sich auch Menschen mit wenig Einkommen mal etwas kulinarische Abwechslung gönnen – und das bedeutet eben manchmal auch, nicht alles genau wie im Original nachzukochen. Für dieses Rezept könnte man zum Beispiel Udon-Nudeln oder breite Reisnudeln aus dem Fachgeschäft verwenden, ebenso eignet sich aber italienische Hartweizenpasta. Und auch beim Essig und Öl will ich keine Vorschriften machen: Wer kann, nimmt geröstetes Sesamöl und Reisessig. Wer nur Rapsöl und Weißweinessig hat, dem wird es zwar anders, aber trotzdem gut schmecken.

So macht man cremige Erdnussbutter-Knoblauch-Nudeln

Manche könnten mich für einen faulen Hund halten (vielleicht hätten sie recht), aber dieses Rezept ist wirklich unfassbar einfach. Und da heute Entspannung Sinn der Übung ist, sehe ich keinen Sinn darin, hier irgendwen mit langwierigen Ausführungen zu langweilen. Deshalb:

In einem großen Topf Wasser zum Kochen bringen – es ist wichtig, dass der Topf groß ist, weil darin später alle Zutaten verrührt werden.

Knoblauch und Ingwer reiben, pressen oder sehr fein hacken und mit den restlichen Zutaten der Soße (Erdnussbutter, Essig, Öl, Soja- und Chilisoße, der süßen Komponente sowie Wasser) vermengen. Bitte keinen Pürierstab nutzen, sonst gehen die leckeren Erdnuss-

Stückchen verloren. Wirkt die Soße jetzt noch zu dickflüssig, kann man später löffelweise etwas Nudelwasser zugeben.

Karotten, Paprika und Gurke waschen; Paprika und Gurke entkernen. Alles in je etwa fünf Zentimeter lange und ein Zentimeter breite Streifen (nicht Scheiben) schneiden. Lange Streifen passen sich der Form der Nudeln an, das macht später mehr Spaß beim Essen. Die Lauchzwiebel ebenfalls waschen, schräg in Streifen schneiden und für die Garnitur bereitstellen.

Anschließend die Pasta nach Packungsanleitung kochen. Udon-Nudeln brauchen nur drei Minuten, Spaghetti acht bis zehn.

Ist die Pasta fertig, gießt man sie ab und fängt einen Teil des Kochwassers auf. Danach die Nudeln mit der Erdnussbutter-Soße und den Gemüsestreifen wieder in den Topf geben und kurz verrühren. Es soll nichts mehr gekocht werden, nur gerade so vermengt, dass die Soße die Nudeln umschließt und etwas Wärme aufnimmt. Falls sich die Erdnusspaste noch immer störrisch gibt, kann bei Bedarf alles mit etwas aufgefangenem Nudelwasser verdünnt werden.

Anschließend auf einem Teller anrichten, mit Lauchzwiebel, Limette und Sesam garnieren und sofort genießen – bevor die Nudeln die ganze Soße geschluckt haben. Dann noch ein YouTube-Video mit Wellenrauschen anschmeißen und den Rest der Mittagspause vom Strand träumen.

Spartipp: Muss das wirklich weg?

Um etwas Geld zu sparen, kann man Gemüseabschnitte weiterverwerten – zum Beispiel die heute anfallenden Karottenschalen. Aber auch Blumenkohlblätter, Pilzstängel oder Zwiebelenden, die man sonst beim Kochen achtlos wegwirft, lassen sich gut verwerten. Profis sammeln solche Reste in einem großen Gefrierbeutel im Tiefkühlfach. Ist der nach einigen Wochen voll, kommt der Inhalt für 30 bis 40 Minuten mit etwas Wasser in den blubbernden Kochtopf und wird anschließend gesiebt. Fertig ist der leckere Gemüsefond, perfekt zum Beispiel für das Ramenrezept auf Seite 50, wenn man keine getrocknete Instantbrühe nutzen möchte.

OFENKARTOFFEL MIT GRÜNKOHL UND KOKOSMILCH

Was kostet das?
Etwa 2,50 Euro pro Portion.

Wie lange dauert das?
Etwa eine Stunde, man muss aber nicht konstant danebenstehen.

Was braucht man für zwei Portionen?

- 2 sehr große oder 4 mittelgroße Kartoffeln
- 700 g Tiefkühl-Grünkohl
- 400 ml Kokosmilch (Bitte nicht die Diätvariante nehmen, das ist häufig die normale Kokosmilch mit Wasser und Verdickungsmitteln gestreckt – zum selben Preis.)
- 2 – 3 Schalotten oder kleine Zwiebeln
- 1 säuerlicher, roter Apfel
- 1 – 2 EL Currypulver
- etwas Senf
- ein paar Haferflocken
- Öl, Salz, Zucker und Pfeffer

Normalerweise verbreite ich ja gern gute Laune, ausnahmsweise muss ich aber hier mit einem schweren Thema einsteigen: und zwar, wie sehr die Coronapande-

mie für viele Unternehmerinnen und Selbstständige zur Belastungsprobe geworden ist. Gerade kleinere Restaurants und Cafés kämpfen ums Überleben, weil die Laufkundschaft im Homeoffice sitzt und Gasträume geschlossen bleiben müssen.

Ich selbst arbeite inzwischen seit fast genau einem Jahr am heimischen Küchentisch. Das war zwar förderlich für meine Kochkünste, ist aber ein Problem für die Restaurants in der Nähe des SPIEGEL-Gebäudes, die ich sonst regelmäßig in der Mittagspause mit Bärenhunger und einer Horde Kolleginnen besucht habe.

Eines der Lokale, das Restaurant »Erdapfel« in der Hamburger Hafencity, verkauft seine Ofenkartoffeln inzwischen to go – zum Glück, denn die sind verrückt lecker. Zu Ehren (und mit Erlaubnis) von Erdapfel-Chef

Selim Tikiz lasse ich mich daher dieses Mal von einem seiner Rezepte inspirieren: Auf der Wintersaison-Kartoffel »Der Grinch« treffen Grünkohl und Kokosmilch aufeinander, getoppt mit Granatapfelkernen, Linsen, Salat und kandierten Walnüssen. Die Kombination aus herzhaft, cremig, knackig und säuerlich-süß funktioniert überraschend gut, was ich kulinarischer Kleingeist anfangs wirklich nicht erwartet hätte. Für uns Hobbyköchinnen und Sparfüchse bei »Kochen ohne Kohle« habe ich das Rezept etwas vereinfacht: Die Nüsse und Linsen lasse ich weg, den Granatapfel ersetze ich durch günstigeren Apfel. So gibt es für alle Menschen in und um Hamburg weiterhin einen Grund, sich das Original zu holen. #SupportYourLocalBusiness

Dummerweise dachte ich über die Hälfte meines Lebens, dass Grünkohl eklig schmeckt, einfach, weil er nicht fotogen ist. Zweiteres stimmt zwar, Ersteres allerdings nicht. Gemerkt habe ich das glücklicherweise noch, bevor Grünkohl in den vergangenen Jahren eine eigenartige Wandlung zum hippen Trend-Food gemacht hat. Vor allem in den USA ist »Kale« als Fitness-Snack beliebt, aber auch hierzulande findet sich Grünkohl plötzlich in Detox-Smoothies und Buddha-Bowls. In meiner norddeutschen Heimat wird er hingegen, überhaupt nicht fitnessbewusst, schon immer gern mit Schmalz, Kassler und Kochwürsten gegessen. Ob dazu gebratene oder gesüßte Kartoffeln gereicht werden, ist für sich allein schon ein spaltendes Politikum – weshalb ich ein bisschen Angst vor den Grummelreaktionen auf diesen Rezeptvorschlag habe.

So kocht man Grünkohl mit Kokosmilch

Bevor alles losgeht, den Ofen auf 200 Grad Ober-/Unterhitze oder 180 Grad Umluft vorheizen und die Kartoffeln abbürsten. Sehr dreckige Kartoffeln unter fließendem Wasser abwaschen und dann abtrocknen. Ist der Ofen heiß, kommen die Kartoffeln ungeschält aufs Backblech. 200-Gramm-Kartoffeln brauchen im Ganzen etwa 50 Minuten, kleinere sind entsprechend schneller fertig.

Die Zwiebeln grob hacken und mit dem Öl im Topf für einige Minuten glasig anschwitzen, dann das Currypulver dazugeben und ebenfalls kurz anschwitzen. Wer experimentierfreudig sein möchte, kann statt des Currypulvers auch mit Zitrusfrüchten, Limettenblättern oder Cumin würzen. Der Grünkohl verträgt kräftige Aromen, du musst also nicht mit Gewürzen sparen.

Nun den gefrorenen Grünkohl und etwa 300 Milliliter Wasser in den Topf geben und alles bei mittlerer oder noch kleinerer Hitze sanft köcheln lassen. Gelegentlich umrühren.

Nach etwa 40 Minuten den Inhalt der kompletten Dose Kokosmilch zum Kohl geben, aufkochen lassen und mit Salz, Zucker und Pfeffer abschmecken. Noch einmal zehn Minuten köcheln lassen. Der Eigengeschmack der Kokosmilch wird fast verschwinden, die Cremigkeit aber bleibt. Ist der Grünkohl jetzt noch recht flüssig? Dann kann man ihn mit Haferflocken abbinden. Einfach einige Esslöffel hinzugeben und für einige Minuten einkochen lassen, sie saugen die Feuchtigkeit auf. Kernige Flocken geben dem Grünkohl etwas mehr Biss und Textur.

Nun die Kartoffeln aus dem Ofen nehmen und nach der Garprobe fünf Minuten abkühlen lassen. Falls sie noch nicht gar sind, einfach noch mal in den Ofen schieben. Der Kohl wird besser, je länger er reduziert und eindickt, man braucht sich also keinen Stress zu machen.

Den Apfel samt Schale erst direkt vor dem Servieren würfeln – so sieht es am Ende schöner aus. Mit etwas Zitronensaft kann man die Bräunung ansonsten auch stoppen.

Wenn alles gar und abgeschmeckt ist, die Kartoffeln in einem tiefen Teller halbieren und das Innere mit einer Gabel auflockern. Etwas Öl oder Butter, Salz und Pfeffer dazugeben und in die Kartoffel einmassieren. Den Grünkohl auf den Kartoffelhälften verteilen, die Apfelwürfel obendrauf streuen. Dazu den Senf reichen. Fertig!

GEGRILLTE KÄSE-SANDWICHES MIT SCHALOTTEN, JALAPEÑOS UND BLITZ-TOMATENSUPPE

Was kostet das?

Das hängt stark von der Menge und Art des verwendeten Käses ab. Pro Person sollte man aber nicht über 2,50 Euro landen.

Wie lange dauert das?

Nicht mehr als 15 Minuten.

Das benötigt man für zwei Personen

- 4 Scheiben dick geschnittenes Brot (am besten Sauerteigbrot, reguläres Weiß- oder Mischbrot tut es aber auch)
- etwa 300 g gemischter Käse
- etwas Butter/Margarine
- 1 Schalotte
- ein paar Jalapeño-Scheiben aus dem Glas

Für die Suppe:

- 1 Dose Tomaten (ganz oder in Stücken)
- 50 ml Sahne
- Salz, Pfeffer, Zucker
- falls vorhanden: ein Pürierstab

Vergangene Woche wollte ich meiner Frau und mir ein richtiges Luxusessen servieren. Mit viel Trara briet ich Austernpilze und schenkte großzügig Weißwein in eine feine Kräutersoße, in die zuvor schon jede Menge Geld und Zeit geflossen waren. Hier noch etwas Zitronensaft, da noch ein wenig geschmolzene Butter … Das prätentiös aussehende Ergebnis schmeckte nach Schuh.

Leider war mein feines Experiment nicht genießbar. Weil ich alle frischen Zutaten in den Sterneküchen-Fail investiert hatte, blieben nur Brot und Käse, um unseren Appetit zu stillen. Die Kombi mag ich ohnehin lieber, vor allem, wenn ich ihr eine US-amerikanische Behandlung verpasse: »Grilled Cheese«, also gegrillte Käse-Sandwiches, sind dort das Standardgericht für sich selbst versorgende Schlüsselkinder, übernächtigte Studierende und überforderte Wochenendpapas, die nach der Scheidung ein paar Punkte beim Nachwuchs wettmachen wollen.

Oft wird das gegrillte Käsebrot mit einer Tomatensuppe serviert. Die Tradition entstand angeblich nach dem Zweiten Weltkrieg in amerikanischen Schulkantinen, die trotz Geldnot ein paar Vitamine in die Kinder bekommen mussten. Die Säure der Tomaten bietet außerdem ein passendes Gegengewicht zum schwer im Magen liegenden Käse.

Das Rezept fällt unter die Kategorie »Kann man gar nicht falsch machen« und dauert von Kühlschrank bis Teller nur etwa 15 Minuten. Sogar, wenn man die Tomatensuppe mit Dosentomaten selbst kochen möchte. Profis wissen außerdem: Am besten wird Grilled Cheese, wenn man milde mit intensiven Käsesorten mischt und zusätzlich ein paar Geschmacksbomben aufs Brot streut. In unserem Fall sind das eingelegte Jalapeños und fein geschnittene Schalotten.

> *i* Mehr über wichtige Geschmacksbomben erfährst du in den Einkaufstipps auf Seite 62.

So einfach macht man Grilled-Cheese-Sandwiches und Tomatensuppe

Die Schalotte halbieren. Eine Hälfte in dünne Scheiben schneiden, die andere fein würfeln. Die Würfel kurz mit einer Butterflocke in einem Topf anbraten, dann die Dosentomaten hinzugeben. Mit Salz und Pfeffer würzen und für zehn Minuten abgedeckt bei mittlerer Hitze köcheln lassen. Wer mehr Zeit hat, kann die Tomaten auch bei kleiner Hitze bis zu zwei Stunden lang einkochen lassen. Der Geschmack wird dann noch tiefer und besser.

Derweil den Kopf darüber zerbrechen, welcher Käse es heute sein darf: eine Mischung aus Gouda, Gruyère, Mozzarella und Cheddar? Amerikanischer Scheibletten- und dänischer Höhlenkäse? Feta und Raclettekäse? (Die Antwort lautet immer »Ja«.)

Zwei Scheiben Brot mit den Käsesorten der Wahl belegen. Außerdem die Geschmacksbomben darauf verteilen – heute also Jalapeños und Schalotten. Zwiebeln jeder Art machen sich immer hervorragend in Grilled Cheese, weil ihre austretenden Säfte sich durch die sanfte Wärme des Käsebetts gleichmäßig im Sandwich verteilen, ohne später zu scharf zu schmecken. Oliven, getrocknete Tomaten, Rucola oder geschmorte Pilze passen ebenso.

Die belegten Brote mit der unbelegten Scheibe zuklappen und die Außenseiten mit Butter bestreichen. Vorsichtig in eine heiße Pfanne oder Grillpfanne legen und auf beiden Seiten etwa vier Minuten bei mittlerer Hitze goldbraun anbraten. Weiteres Fett braucht man nicht.

Ab und zu mit einem Pfannenwender draufdrücken und testen, ob in der Mitte alles geschmolzen ist. Wenn wirklich viel Käse herausläuft, ist das Sandwich fertig. Die Hitze abstellen und kurz noch einmal der Suppe zuwenden.

Wer einen Pürierstab hat, nutzt diesen nun und veredelt damit die Tomatenmasse. Andernfalls tut es auch ein Kartoffelstampfer, dann wird es natürlich nicht so fein. Die Sahne (und, falls Mozzarella auf dem Sandwich landet: die Molke/das »Mozzarella-Wasser«) hinzugeben und noch einmal kurz aufkochen lassen. Mit Salz und Pfeffer abschmecken, oft hilft auch eine Prise Zucker.

Die Sandwiches halbieren und auf einem Teller aufstapeln, die Suppe in einer kleinen Schüssel dazu servieren. Besteck benötigt man nicht, einfach das Käse-Sandwich in die Suppe dippen. Am besten passen dazu Sitcoms oder Nickelodeon-Comics aus den Neunzigern.

CHILI-BOHNENPFANNE MIT SÜẞKARTOFFEL-WÜRFELN

Was kostet das?

Circa 2,10 Euro pro Portion.

Wie lange dauert das?

30 Minuten.

Das benötigt man für vier Portionen

- 400 g Kidneybohnen aus der Dose*
- 400 g Bohnen in Chilisoße aus der Dose*
- 200 g Dosenmais
- 1 Paprika
- 1 Zwiebel
- 1 Chilischote oder Jalapeño
- 1 Süßkartoffel oder große Kartoffel
- den Saft einer Zitrone
- etwas Öl, Salz, Pfeffer, Cayennepfeffer
- optional: Speck oder Salami

* Es können auch andere Bohnen genutzt werden, zum Beispiel Borlotti- oder Wachtelbohnen. Getrocknete Bohnen müssen über Nacht in kaltem Wasser eingeweicht werden und brauchen ggf. länger. Bei der Verwendung solcher Bohnen einfach etwas passierte Tomaten oder Tomatenmark und Wasser zum Rezept dazugeben.

»Platz da, ich bin der Landvogt«: Die kultigen Sprüche von Carlo Pedersoli und Mario Girotti, besser bekannt als Bud Spencer und Terrence Hill, haben sich seit meiner Kindheit in mein Hirn gebrannt. Dabei haben die beiden all das im Original nie gesagt. Zwei Italiener, die Westernhelden spielen – wie hätte man das für das deutsche Publikum wortgetreu übersetzen sollen? Gar nicht, dachte sich Synchro-Legende Rainer Brandt in den 60er- und 70er-Jahren und erfand stattdessen eigene Texte und eine komplett eigene Sprache für die von ihm gesprochenen Figuren.

Neben der Klopperei ist vielleicht das Einzige, was den Figuren im Original und der Übersetzung gleich geblieben ist, die Liebe für Bohnenpfannen. Nicht nur, weil eine schwere Eisenpfanne im Handgemenge hilfreich ist. Sondern vermutlich auch, weil Bohnen Proteinlieferanten sind und sich daher unbedingt als gesundes Essen vor und nach einer Hauerei anbieten. Auch für regelmäßige Besucher eines Fitnessstudios sind sämtliche Hülsenfrüchte eine gute Alternative zu tierischem Eiweiß, allerdings sagte der (deutsche) Terrence Hill mal: »Bodybuilding bringt gar nichts. Das macht nur Blasen im Kopf und runde Knie.«

Auch ohne Fitnesstraining oder Gewaltfantasien darf man die bunte Pfanne voll leckerem Gemüse genießen. Sie lässt sich sehr gut am nächsten Tag wieder erhitzen, weshalb es sich auch für kleinere Haushalte lohnt, gleich eine größere Menge zu kochen.

Natürlich weiß ich nicht hundertprozentig, wie Bud und Terrence ihre Bohnen am liebsten gegessen haben. Deshalb habe ich es einfach frei übersetzt, wie es hierzulande Tradition ist.

So einfach macht man Chili-Bohnenpfanne

Die Süßkartoffel schälen und in etwa 3 × 3 cm große Würfel teilen. Die Würfel mit zwei Esslöffel Öl und einer großen Prise aller Gewürze in einer Schüssel wenden. Auf einem mit Backpapier ausgelegten Backblech verteilen und bei 180 Grad (Ober-/Unterhitze) etwa 20 bis 25 Minuten backen. Nach der Hälfte der Zeit wenden.

Die Zwiebel, die Chilischote und die optionale Fleischeinlage grob hacken und mit etwas Öl für fünf Minuten in der Pfanne anschwitzen. Die Dosenbohnen und den Mais samt Flüssigkeit dazugeben. Für etwa 15 Minuten bei mittlerer Hitze köcheln lassen.

Die Paprika entkernen, in Streifen schneiden und für die letzten fünf Minuten mit in die Pfanne geben. Dann den Saft der Zitrone dazugeben und die Hitze abstellen. Mit Salz, Pfeffer und Cayennepfeffer abschmecken.

Die gebackenen Kartoffelwürfel über die Bohnenpfanne geben und mit beiden Fäusten kräftig zulangen. Dazu passt, na was wohl, ein anständiger Italowestern.

GUTE RAMEN-BEDINGUNGEN: DIE EINFACHSTE JAPANISCHE NUDELSUPPE MIT ANGEBER-EI UND MARINIERTEN PILZEN

Was kostet das?

3 Euro pro Person und Portion, ohne die Toppings wird es deutlich günstiger. Alternativ ersetzen Faule die selbst gemachte Brühe durch Instant-Ramen – wir können immerhin nicht alle immer perfekt abliefern.

Wie lange dauert das?

Für ganz Eilige: Etwa 45 Minuten für die Brühe und Toppings zusammen. Besser werden aber insbesondere die Eier, wenn sie einige Stunden marinieren können.

Das benötigt man für zwei Portionen

Für die Brühe:

- 600 ml Brühe (Gemüse, Huhn oder Rind)
- 6 Zehen Knoblauch
- 4 EL Sesamöl
- 4 EL Sojasoße
- 2 EL Butter
- 2 weiße Lauchzwiebelhälften
- 1 daumengroßes Stück Ingwer

- 150 g Hartweizenspaghetti oder längliche Makkaroni
- optional, aber hilfreich: ein Pürierstab

Für die Toppings:

- 2 Bio-Eier
- 6 – 10 Champignons
- 4 Radieschen oder 1 Möhre
- 2 grüne Lauchzwiebelhälften
- 1 TL Sesamsaat
- 1 TL Sesamöl
- 4 EL Sojasoße
- 1 TL Zucker oder Honig

Beim Wort »Nudelsuppe« hätte ich früher zuerst an eine Gemüsebrühe mit weichen Muschelnudeln gedacht, die man sich bei einer Erkältung reinpfeifen muss. Nicht an ein Gericht, das mich mit seinen komplexen und mächtigen Aromen fast schon überwältigt und nach dem Essen befriedigt in den Stuhl sinken lässt. Ramen hat das geändert. Adam Driver würde sagen: »Good Soup.«

Die herzhafte Arbeiter-Suppe steht im krassen Kontrast zur sonst so filigran auftretenden japanischen Küche. Ramen-Profis auf der ganzen Welt versuchen inzwischen, möglichst viel Umami in ihre Suppen zu zaubern, also den wohlig-satt und glücklich machenden Geschmack, den man auch in Parmesan, Hefe, Omas Bratensoße und künstlich hergestelltem Glutamat findet.

Auch in Deutschland ist der Ramen-Trend seit ein paar Jahren angekommen, vor allem in Großstädten und

Hipster-Vierteln. Wie so oft bedeutet Hipness aber auch: Man muss tief in die Tasche greifen, wenn man am Trend teilhaben möchte. Eine Schale kostet in Hamburg gern 15 Euro oder mehr.

Betrachtet man den Aufwand, der in der Herstellung der Suppe steckt, kann man das sogar verstehen. Denn um die komplexe Tiefe zu erreichen, müssen allerlei Tricks angewendet werden. Fonds aus Fleisch, Gemüse und Knochen werden zum Teil über Tage separat gekocht und erst kurz vor dem Servieren in der Suppenschale kombiniert – fast schon gestapelt. Und für viele Stile müssen Zutaten teuer aus Japan importiert werden. Selbst über die Herstellung der richtigen Suppennudel könnte man mehrere Dissertationen verfassen. Im Ramen-Kochbuch von Starkoch Ivan Orkin erstreckt sich allein das Grundrezept über 40 Seiten, davon geht es auf drei Seiten nur um verschiedene Fette.

Ich selbst experimentiere erst seit zwei Jahren mit selbst gemachtem Ramen. Mein bisher liebstes Rezept dauert immer noch einen halben Tag Arbeit – und die Einkaufsliste treibt meinem Konto die Tränen in die Augen. Ich kann verstehen, wenn Hobbyköche keine Lust auf diesen Aufwand haben und sich stattdessen einfach 50-Cent-Instant-Ramen mit etwas heißem Wasser aufgießen. Durch die vielen künstlichen Geschmacksverstärker und vorfrittierten Nudeln kitzelt das dieselben Glücks-Rezeptoren im Hirn.

Dieses Rezept hier ist ein Kompromiss zwischen beiden Polen – also für Leute, die ihr Ramen zwar selbst kochen möchten, aber keine zeitaufwendige und teure Materialschlacht anzetteln wollen. Zur Brühe gibt es, wie im hippen Ramen-Restaurant, ein paar abwechslungsreiche Toppings. Wer sein Instant-Ramen damit aufpeppen möchte, ist herzlich dazu eingeladen, nur diesen Teil des Rezepts nachzukochen.

Nachricht an die Ramen-Nerds

Wer beim Anblick dieses Rezepts »Das ist aber nicht authentisch!« schreien möchte, kann sich beruhigen. »Richtiges« oder »authentisches« Ramen gibt es nicht. Gerade für Japan, das sonst so viel Wert auf Traditionen legt und Neuem gegenüber manchmal etwas verschlossen sein kann, ist das Gericht ziemlich Punk – weil jeder und jede seine eigene Version davon entwerfen kann. Das liegt auch daran, dass Ramen noch sehr jung ist. Vor den 50er-Jahren gab es die Suppe noch nicht.[6] In meiner Version hier geht es vor allem darum, die Kerngeschmäcker mit einfachen und günstigen Alternativen zu erzeugen, die man hier im regulären Supermarkt bekommen kann.

Vorbereitung: Die Toppings

Die Eier für exakt 6 Minuten kochen, dann sollte das Eigelb perfekt wachsweich sein. Derweil eine Schale mit kaltem Wasser bereitstellen. Bonuspunkte gibt es für Eiswasser. Die Eier nach dem Kochen mit einem Löffel ins Eiswasser befördern und für mindestens eine Minute dort abkühlen lassen, damit sie nicht noch härter werden.

Dann vorsichtig pellen und in ein schmales, verschließbares Gefäß geben, zum Beispiel ein ausgewaschenes Marmeladenglas. Zwei bis drei Esslöffel Sojasoße und einen Teelöffel Zucker oder Honig dazugeben und mit etwas Wasser aufgießen, damit die Eier von der Marinade bedeckt sind. Für 15 Minuten bis 24 Stunden im Kühlschrank marinieren lassen.

Die Pilze putzen und die Stiele entfernen. Mit einem scharfen Messer vorsichtig kreuzförmige Einschnitte auf der Oberseite machen. Dann für 5–10 Minuten in einer Pfanne ohne Öl auf mittlerer bis hoher Hitze von beiden Seiten anrösten. Am Ende zwei Esslöffel Sojasoße und drei Esslöffel Wasser hinzugeben, aufkochen lassen und die Hitze abstellen. Die Pilze in der Soße wenden und auf der Restwärme der Pfanne für mindestens zehn Minuten ziehen lassen.

Die Radieschen oder die Möhre reiben oder in feine Stifte schneiden. In einer Schale mit je einem Teelöffel Sesamöl und Sesamsaat verrühren und für ein paar Minuten ziehen lassen.

Die grünen Teile der Lauchzwiebel kurz vor dem Servieren reinigen und in feine Ringe schneiden. Bonuspunkte gibt es für sehr schräg geschnittene und lange Ringe.

Der Hauptdarsteller: Die einfachste Ramen-Brühe der Welt

(Hat man die Eier gestern vorbereitet, sollte man sie jetzt aus dem Kühlschrank holen, damit sie später nicht eiskalt sind. Die Butter kann man gleich mit herausnehmen.)

Den Knoblauch, Ingwer und die weißen Teile der Lauchzwiebeln fein hacken. In einem Topf das Sesamöl erhitzen, Knoblauch und Lauchzwiebel goldbraun darin anbraten.

Kurz bevor beides verbrennt, mit der Sojasoße ablöschen. Diese sollte für etwa 30–40 Sekunden stark blubbern und selbst fast anbrennen – dann schnell die Brühe aufgießen. Den gehackten Ingwer hinzugeben und alles für etwa 10 Minuten auf mittlerer Hitze köcheln lassen, dann die Hitze abstellen. Wer einen Pürierstab hat, mixt alles einmal kurz durch.

Die Nudeln in einem separaten Topf al dente kochen. Es lohnt sich wirklich, wenn sie noch ganz leichten Biss haben, weil sie gleich in der heißen Brühe noch nachgaren.

Die Toppings und zwei tiefe Teller oder Suppenschüsseln bereitstellen.

Kurz bevor die Nudeln fertig sind, die Brühe noch einmal stark zum Kochen bringen.

Die Nudeln abgießen und zuerst in die Mitte der Teller möglichst hochstapeln. Die Brühe im Topf gut durchrühren und gleichmäßig auf beide Schalen aufteilen. **Vorsicht:** Besonders intensiver Geschmack versteckt sich unten im Topf. Die letzte Kelle ist also deutlich salziger als die erste. Besser auf mehrere Teller aufteilen! Nun etwas warme Butter auf die Teller geben und auf der Oberfläche der Suppe schmelzen lassen.

Die Eier mit einem scharfen Messer halbieren und seitlich neben den Nudeln drapieren. Die Pilze auf die andere Seite legen. Zum Schluss das knackige Gemüse in die Mitte der Schale geben und dann so schnell wie möglich reinhauen. Wenn mich der VHS-Kurs in Japanisch nicht getäuscht hat, sagt man an dieser Stelle: Itadakimasu!

SPARTIPP: WIE MAN RICHTIG EINKAUFT

Ich. Liebe. Supermärkte. Durch die Gänge zu streifen, bekloppte Produktentwicklungen zu entdecken und mir beim Einkauf zu überlegen, was ich in den nächsten Tagen kochen könnte – das ist nicht erst seit Corona eine meiner liebsten Freizeitbeschäftigungen. Leider aber auch eine, bei der ich jede Menge Geld loswerde und in mir durch Impulskäufe eine Menge Zeug anschaffe, das ich eigentlich nicht brauche. Nach der Miete standen Lebensmittel daher schon immer ganz oben auf meiner Ausgabenliste.

Mit etwas Planung und Disziplin bekommt man das leicht besser hin als ich. Diese Tipps helfen mir in knappen Zeiten, impulsives Einkaufen zu vermeiden und nicht am Ende des Gehalts noch zu viel Monat übrig zu haben.

1. Errechne dein Monats- und Wochenbudget

Ein Haushaltsbuch oder eine Excel-Tabelle zu führen, ist lästig, aber auch eine riesige Hilfe. Trage ein, wie viel du im Monat einnimmst und wie viel du ausgibst. Gruppiere die Ausgaben in Fixkosten (monatlich gleichbleibende

laufende Kosten für Miete, Strom, Handy) und variable Kosten wie Feiern und Einkäufe.
Überlege dir, wie viel des variablen Budget-Anteils du im Monat maximal für Lebensmittel ausgeben kannst. Manchen Menschen hilft es, diese Beträge am Anfang des Monats in bar abzuheben und in vier Umschlägen für jede der kommenden Wochen beiseitezulegen. Damit verhindert man, impulsiv per App oder Karte zu kaufen, ohne den Kontostand zu kennen.

2. Verschaffe dir einen Überblick

Der Einkauf beginnt zu Hause. Welche Vorräte müssen aufgefüllt werden? Wovon ist noch ausreichend vorhanden? Wer seinen Kühl- und Vorratsschrank gut kennt, vermeidet unnötige Doppelkäufe.

3. Plane die Mahlzeiten der nächsten Tage

Schaue dir an, welche Lebensmittel du auf Lager hast. Was läuft zuerst ab und sollte bald aufgebraucht werden? Was könnte man damit kochen? Welche Zutaten benötigst du dafür zusätzlich? Kann man davon auch mehrere Tage essen? Überlege dir aus den Antworten auf diese Fragen eine detaillierte Einkaufsliste – und halte dich daran.

4. Großeinkauf oder Überblick behalten?

Umso öfter man in den Supermarkt geht, umso öfter gerät man in Versuchung, finanziell über die Stränge zu schlagen. Ich kenne das, ich bin der König des »Heute habe ich mir was verdient«-Gefühls. Manche Sparexpertinnen raten daher, nur einmal die Woche einzukaufen und sich dabei strikt an die Einkaufsliste zu halten. Weil ich kein guter Planer bin, habe ich mich eher auf zwei Einkäufe die Woche eingependelt. So behalte ich den Überblick und muss immer nur drei oder vier Tage vorausplanen. Dadurch kaufe ich seltener zu viel, weil ich keine Angst habe, erst in einer Woche wieder frische Zutaten zu bekommen. Viele Obst- und Gemüsesorten halten sich eh keine sieben Tage, also hat man durch diese Methode weniger Abfall. (Mehr Tipps zur Lagerung findest du auf Seite 138.)

5. No-Name statt Markenprodukten

Über einen höheren Preis wird der Eindruck vermittelt, dass ein Produkt besser ist. Gerade bei Markenprodukten zahlt man aber vor allem für die hohen Werbekosten und nicht unbedingt für bessere Qualität. In vielen Fällen haben Discounter sogar No-Name-Ware, die dasselbe Produkt enthält und aus derselben Fabrik stammt wie die Markenware – nur das Etikett sieht anders aus. Auch wenn es sich für einige so anfühlt: Es ist keine Schande, die günstigere Alternative zu kaufen.

Auf www.wer-zu-wem.de/handelsmarken/no-name-suche/ findet man eine Liste der No-Name-Produkte, hinter denen Marken stecken.

6. Lass dich nicht von »Angeboten« ablenken

Das bunte »Reduziert«-Schild möchte sehr gern deine Aufmerksamkeit, ja. Gerade bei Markenprodukten ist das Angebot aber oft immer noch teurer als die Eigenmarke. In kleinerer Schrift ist auf den Preisschildern im Regal immer angegeben, wie viel ein Produkt pro Kilogramm oder pro 100 Gramm kostet – damit kann man die Preise besser vergleichen.
Trotzdem kann sich ein Angebot natürlich lohnen: wenn das gewünschte Produkt schon vorher auf der Einkaufsliste stand.

7. Bück- und Streckware

Wer regelmäßig »Galileo« oder »Abenteuer Leben« schaut, kennt diesen Tipp schon: Die teuerste Ware befindet sich meist auf Augenhöhe, also dort, wo man zuerst hinschaut. Um die günstigen Alternativen und Eigenmarken zu finden, muss man sich deshalb bücken oder strecken, weil sie ganz oben oder ganz unten zu finden sind.

8. Kaufe Grundzutaten, keine Fertiggerichte

Ein Fertiggericht kann man zwar verfeinern, es bleibt aber immer sehr nah an dem, was auf der Verpackung abgebildet ist. Mit Grundzutaten (zum Beispiel Mehl, Reis, Haferflocken, Zucker, Nüssen, Butter, Eiern und getrockneten Hülsenfrüchten) kann man dagegen sehr viel Unterschiedliches kochen. Allein aus Mehl kann man Brote, Pancakes und Kuchen backen, herzhafte Wraps, Nudeln und Pizzateig zaubern oder sogar eigenen Seitan-Fleischersatz herstellen. Dazu ein paar Dosen Kichererbsen und Bohnen, etwas frisches oder tiefgefrorenes Gemüse und passierte Tomaten – schon ist man für die ganze Woche versorgt. Wer einen Vorrat hat, gerät auch weniger in die Versuchung, abends etwas zu essen zu bestellen oder zum Imbiss an der Ecke zu gehen. Grundzutaten sind zudem meist viel günstiger als stark verarbeitete Industrieprodukte. Gesünder ist das Kochen damit auch oft, weil man weniger Konservierungsstoffe zu sich nimmt und den Überblick behält, wie viel Salz, Zucker und Fett wirklich in einer Portion stecken.

9. Lang anhaltende Geschmacksbomben

Neben den Grundzutaten lohnt es sich immer, ein oder zwei haltbare und geschmacksintensive Zutaten zu kaufen, die man öfter einsetzen kann. Denke sie dir in deinem Mahlzeitenplan (Punkt 3) einfach mit. Spargel ist zwar lecker, aber teuer und schnell aufgegessen. Eingelegte Oliven, Peperoni oder Kapern aus dem Glas, eine Flasche Sojasoße, ein Netz Knoblauch, Brühepulver oder ein Becher Currypaste können hingegen über Wochen immer wieder zum Aufpeppen verschiedenster Gerichte genutzt werden. Dadurch hat man nicht das Gefühl, auf leckeres Essen verzichten zu müssen. Das lohnt sich aber nur, wenn man diese Zutaten auch öfter nutzt. Für nur ein Rezept Sojasoße zu kaufen und diese dann nie wieder anzurühren, bleibt rausgeworfenes Geld.

10. Kaufe niemals hungrig oder gestresst ein

Ein leerer Magen oder die niedergeschlagene Stimmung nach einem stressigen Uni- oder Arbeitstag sind ideale Faktoren, wenn man viel Geld für Impulskäufe ausgeben möchte. Das liegt daran, dass das Gehirn beim Anblick der prallen Einkaufstaschen oder Online-Warenkörbe Dopamin ausstößt, also das körpereigene Belohnungshormon.[7] Leider ebbt die Freude schnell ab, wenn man merkt, dass man im Dispo gelandet ist. Kaufe lieber an einem ruhigen Tag ein, wenn du dich darauf konzentrieren und an deinen Plan halten kannst. Und gönn dir vorher einen Snack.

11. Kaufe saisonal

Rosenkohl im Winter, Erdbeeren im Sommer: Wenn Lebensmittel Saison haben, gibt es ein Überangebot davon. Das drückt sich in einem niedrigeren Preis aus. Schaffe dir einen Saisonkalender an (den gibt's kostenlos im Internet) und plane die nächsten Mahlzeiten um aktuell besonders günstige Zutaten herum. Das ist gut für den Geldbeutel und das Gewissen, denn saisonale Lebensmittel aus der Region haben meist einen kleineren ökologischen Fußabdruck als im Gewächshaus Gezogenes oder aus dem Ausland Importiertes.

12. Nimm den kleinen Wagen

Nimm wenn möglich den kleinsten Einkaufswagen oder Korb, den es im Supermarkt gibt. Oder bring deinen eigenen Beutel mit und lade diesen schon im Laden voll. So merkst du viel schneller, ob du zu viel eingekauft hast, als wenn du einen großen Einkaufswagen nimmst.

13. Summa summarum

Notiere während des Einkaufs grob, wie teuer die Waren in deinem Beutel zusammengerechnet sind. Am einfachsten geht das mit dem Taschenrechner im Handy. Wenn du vorher dein Budget errechnet hast, weißt du genauer, wann du zu viel eingepackt hast.

MITTE DES MONATS –
GERICHTE FÜR ZWEI BIS EINEN EURO

GERÖSTETER KURKUMA-BLUMENKOHL UND ROTE BETE AUS DEM OFEN

Was kostet das?

Insgesamt habe ich 3,60 Euro bezahlt, also liegt man pro Portion bei 1,80 Euro.

Wie lange dauert das?

Insgesamt etwa 40 Minuten, aktiv ist man aber nur 20 dabei – der Rest passiert im Ofen.

Das braucht man für zwei Portionen

- einen Blumenkohl
- 2–3 vorgekochte Rote Beten
- 1–2 Frühlingszwiebeln
- je einen TL Zimt, Kurkuma und Kreuzkümmel
- einen Schuss Honig oder Agavendicksaft

Optional, als Dressing:

- 2 EL Orangensaft
- 2 EL Naturjoghurt
- 2 EL Honig

Wie wahrscheinlich viele deutsche Kinder wuchs ich mit der klassischen Vier-Komponenten-Küche auf: Bei Omas und Opas zu Hause bestanden die meisten Gerichte aus

Fleisch, Kartoffeln, Soße – und einem Gemüse, das so grau gekocht worden war wie ein Herbsttag in Hamburg. Diese kulinarische Tradition ist, um ehrlich zu sein, ziemlich traurig. Denn zum einen wird das Gemüse ohne Gnade und Verstand zum Nebendarsteller degradiert. Und zum anderen verliert es auch noch seinen Geschmack und einen Großteil seiner Nährstoffe. Dass es auch anders (soll heißen: leckerer) geht, hätte ich gerne früher gelernt – dann hätte ich als Kind vielleicht auch mehr Gemüse gegessen.

Blumenkohl zum Beispiel. Der wird gern in Béchamelsoße ertränkt oder in Aufläufen versteckt, dabei kann man mit ihm die verrücktesten Sachen anstellen. Und anders als bei Blattkohl muss man von Blumenkohl auch nicht wie irre … na ja … man kennt's.

Spartipp: Was hat gerade Saison?

Wer Geld sparen möchte, sollte nicht den Einkauf dem Rezept anpassen, sondern das Rezept dem Einkauf – und insbesondere einen Blick darauf werfen, was aktuell Saison hat. Während ein kleiner Blumenkohl im Winter gern mal 4 Euro kosten kann, gibt es im Sommer und Herbst riesige Exemplare für einen Euro. Saisonales Gemüse ist meist nicht nur günstiger, sondern auch frischer und energiesparender. Schließlich muss es nicht im beheizten Gewächshaus gezogen oder weite Strecken im Kühllaster transportiert werden.

In diesem Gericht wird schnöder Blumenkohl zum bunt leuchtenden Hauptdarsteller. Das ist auch nötig, denn nach vielen kalorienreichen Kolumnen machen wir heute »Kochen ohne Kohle(hydrate)« und zaubern ein gesundes und leichtes Mittagessen. Eines, das zwar herbstliche Aromen hat, mit viel Farbe und Geschmack aber trotzdem Leben in die dunkle Jahreszeit bringt.

Dafür röste ich den Blumenkohl erst in der Pfanne an, verpasse ihm dann einen gelb-goldenen Kurkuma-Gewürzmantel und schiebe ihn kurz in den Ofen. Serviert wird er, wegen des schönen optischen und geschmacklichen Kontrasts, auf gebackener Roter Bete. Und weil bei mir nichts wegkommt, verwerte ich sogar die feinen Blätter des Blumenkohls.

So einfach macht man Röstblumenkohl

Zuerst den Blumenkohl putzen, die feinen (also die hellgrünen und weißen) Blätter in kaltes Wasser legen und beiseitestellen. Den Kohl in gleich große Röschen teilen und diese anschließend halbieren, damit glatte Schnittflächen entstehen – auf denen werden die Röschen gleich in der Pfanne angeröstet. Zunächst aber den Kohl für zehn Minuten in kaltem Salzwasser ziehen lassen, um möglicherweise auf dem Feld eingezogene Insekten zu vertreiben.

In der Zwischenzeit die Roten Beten in etwa eineinhalb Zentimeter dicke Scheiben schneiden und in eine ofenfeste Form legen. Mit etwas Salz und Öl würzen und den Honig (oder Agavendicksaft) darüber verteilen. Den Ofen auf 200 Grad anheizen und die Form mit den Beten auf die unterste Schiene stellen. Auf diese Art zubereitet passt die Bete auch super auf Salate und Bowls, an anderen Tagen könnte man auch Fetakrümel oder Rosmarin drüberstreuen. Heute bleiben wir aber minimalistisch, damit der Blumenkohl strahlen kann.

Während die Roten Beten backen die Kohlröschen abtropfen lassen. Dann mit der Schnittfläche nach unten (ohne Öl!) in eine mittelheiße Pfanne geben. Er soll darin etwas rösten und bräunen, aber nicht verbrennen. Dafür den Blumenkohl am besten regelmäßig bewegen und die Bräunung überprüfen. Nach etwa fünf bis sieben Minuten sollte er genug Farbe bekommen haben.

Selbst aus den wenigen indisch konnotierten Gewürzen, die es beim Discounter gibt, kann man jetzt eine Menge herausholen. Dazu nimmt man die Kohlröschen kurz aus der Pfanne und gibt stattdessen Kreuzkümmel, Zimt und Kurkuma mit zwei Löffeln Öl hinein. Der kurze Hitzeschub erweckt selbst alte, im Regal verstaubte Gewürze zum Leben. Den Blumenkohl wieder in die Pfanne geben und alles schön durchschwenken, bis die Röschen von allen Seiten mit dem leuchtenden Gewürzmantel bedeckt sind.

Wer angeben möchte – und das möchte ich natürlich –, kann auch mehrere Chargen machen: einige mit und einige ohne das gelbe Kurkumapulver. Das sorgt für noch mehr Abwechslung auf dem Teller. Egal wie man es macht: Am Ende kommt der farbenfrohe Blumenkohl

noch für etwa 15 Minuten neben die Roten Bete aufs Backblech und in den Ofen.

Nun sind die beiseitegelegten Kohlblätter an der Reihe. Die heimliche Sterneküchen-Zutat (die man aus irgendeinem Grund sonst immer wegwirft) einfach abtrocknen und mit etwas Öl für zwei Minuten in die heiße Pfanne legen. Am Ende eine Prise Salz darauf geben. Lecker!

Die restlichen 13 Minuten Wartezeit kann man vor dem Ofen sitzend darauf verwenden, sich über das wahnsinnige Genexperiment namens »Kohl« Gedanken zu machen. Denn was heute im Supermarkt so divers daherkommt, stammt alles von demselben Wildkohl (oder Ur-Kohl) ab: Durch selektive Züchtung begannen Menschen schon vor Tausenden von Jahren damit, mal die Knospe, mal die Blüte, die Blätter oder Stiele groß zu züchten. Die Ergebnisse dieser Arbeit liegen heute als Kohlrabi, Wirsing, Brokkoli oder Rosenkohl im Laden. Und tun optisch so, als wären sie nicht miteinander verwandt. Während man über die Mendelschen Gesetze sinniert, brennt dann aber im Ofen das Essen an. Tolle Wurst, also schnell raus damit!

Ich richte das Gemüse am liebsten farblich sortiert an, das hat aber vielleicht tiefer liegende psychologische Gründe, die wir hier nicht diskutieren müssen. Für etwas Frische gebe ich zum Schluss noch das gehackte Frühlingszwiebel-Grün dazu, streue die gerösteten Kohlblätter darüber und serviere.

Das Basisrezept kann man natürlich nach Lust und Laune erweitern. Bete und Kohl machen sich zum Beispiel gut auf einem grünen Salat und freuen sich dann über ein paar Orangenfilets als Begleitung. Wer ohne Soße nicht leben kann, bastelt dazu ein schnelles Dressing aus zwei Löffeln Joghurt, zwei Löffeln O-Saft und einem Löffel Honig. Auch die Kicher-Knallerbsen aus dem Wintersalat auf Seite 205 passen hervorragend hierzu.

GAMJA JORIM: KOREANISCHE KARTOFFELN MIT SESAM, HONIG UND KNOBLAUCH

Was kostet das?

Je nachdem, wie günstig die Kartoffeln gerade sind, landet man pro Person bei 1 Euro bis 1,50 Euro.

Wie lange dauert das?

Etwa 45 Minuten.

Das benötigt man für zwei Portionen

- 1 kg Drillinge (kleine Kartoffeln mit essbarer Schale)
- 2 EL Sesamsaat
- 3 Zehen Knoblauch
- 4 EL Honig (oder andere Süße)
- 5 EL Sojasoße
- 1 TL Essig
- 1 Tasse Wasser
- etwas Öl zum Anbraten
- optional: 2 Bio-Eier

Was ist das Verrückteste daran, dass eines der gängigsten Schimpfworte für Deutsche der Name einer Knolle ist, die erst vor 500 Jahren aus Mittelamerika nach Europa gebracht wurde? Dass dieses Wort absolut keine Beleidi-

gung ist – denn VERDAMMT NOCH MAL: Ich liebe Kartoffeln! Frittiert, gekocht, gebacken, egal. Die Kartoffel ist ein weltweiter Superstar. Wie soll man sich also darüber ärgern, wenn man nach ihr benannt wird?

Fun Fact: Ein Kartoffel-liebender Beamter des Kraftfahrtbundesamts (der noch dazu Wirsing mit Nachnamen hieß) stellte in den Neunzigerjahren die gesamte Forschung zur Kartoffel-Kulturgeschichte auf den Kopf, indem er nachwies, dass die Erdäpfel im heutigen Deutschland schon seit Mitte des 17. Jahrhunderts in Massen angebaut werden. Bevor Herr Wirsing die Kartoffelgeschichte unter die Lupe nahm, war man nämlich von der Mitte des 18. Jahrhunderts ausgegangen. Aha!

Wirsing zufolge hat die ersten Kartoffeln im Jahr 1647 ein Bauer in Oberfranken angepflanzt, der die Knollen im heutigen Tschechien von einem Niederländer bekommen hatte. Noch nicht international genug? Dann leite ich jetzt zum heutigen Gericht über. Das kommt nämlich aus Korea – und, man ahnt es, Kartoffeln sind die Stars darin!

Dieses Mal werden sie samt Schale in einer geschmeidigen, süß-salzig-herzhaften Soße gegart und glasiert: Gamja Jorim, so der koreanische Name, schmecken wie eine warme Umarmung für die Zunge. Sie sind super einfach gemacht und damit die Belohnung für den ungefragten Geschichtsunterricht, den man als Leserin oder Leser dieser Kolumne bis hierher ertragen musste.

So macht man Gamja Jorim

Der erste und wichtigste Schritt besteht darin, die Kartoffeln gründlich sauber zu machen. Anders als sonst gibt es heute kein Kochwasser, das später zusammen mit etwas

Restsand weggekippt werden kann, denn die Kartoffeln garen in der Soße, in der sie serviert werden. Also spült man die Drillinge gut unter warmem Wasser und bürstet sie gegebenenfalls sauber.

Sehr große Exemplare halbieren, damit alle etwa die gleiche Größe haben. Nun benötigt man eine Pfanne oder einen Schmortopf, in deren Kochfeld alle Kartoffeln liegend Platz finden und Kontakt zur heißen Fläche haben. Darin brät man sie – ungekocht – für etwa 15 bis 20 Minuten an. Dabei häufig wenden, sonst brät es nicht, sondern brennt. Wer keine entsprechend große Pfanne hat, kann die Drillinge alternativ für 20 Minuten bei 200 Grad im Ofen rösten.

Derweil den Knoblauch fein hacken und die Soße vorbereiten. Dazu einfach eine Tasse (etwa 200 Milliliter) warmes Wasser mit vier Esslöffeln Honig, einem Schuss Essig und fünf Esslöffeln Sojasoße verrühren, bis der Honig sich aufgelöst hat.

Ist das geschafft, hat man kaum noch Arbeit vor sich. Sobald alle Kartoffeln eine angenehme Bräunung haben, gibt man die Soße in den Topf (wer im Ofen arbeitet: in die Form) und lässt sie aufkochen. Die Hitze nach zwei Minuten deutlich reduzieren und alles für etwa 15 Minuten sanft köcheln lassen. Dabei **nicht abdecken**, damit die Flüssigkeit verdampfen kann. Alle paar Minuten vorsichtig rühren.

Kurz vor Schluss den Knoblauch und Sesam hinzugeben und weitere fünf Minuten köcheln lassen. Die Soße soll so sehr reduzieren, dass sie sehr dickflüssig ist und nur noch etwa fünf bis sechs Esslöffel davon in der Pfanne bleiben. Sollten die Kartoffeln schon durchgegart sein, kann man sie auch herausnehmen, während die Soße noch zwei bis drei Minuten allein köchelt. In den letzten Minuten wird sie sehr dunkel und reichhaltig, genau das möchten wir!

In Südkorea würde man Gamja Jorim zum Beispiel als Beilage zum Barbecue essen oder einfach eine dampfende Schale weißen Reis dazu reichen. Ich brate mir gern Spiegeleier dazu. Dafür braucht man kein Rezept: Die Kunst besteht darin, die Eier in einer beschichteten Pfanne zu braten und überhaupt nicht zu bewegen, bis sie unten dunkel und knusprig sind.

Übrig gebliebene Kartoffeln halten sich im Kühlschrank vier bis fünf Tage – direkt nach dem Kochen schmecken sie aber am besten. Und ich wette: Es bleibt nichts übrig.

PS: Kartoffeldetektiv Wirsing bekam auch das Bundesverdienstkreuz am Bande verliehen. Im Bundesanzeiger wird nicht erwähnt, ob für seine Kartoffelforschung oder für andere gemüsebasierte Ermittlungen. Dem Bauern, der 1647 die erste Knolle auf deutschem Boden eingepflanzt haben soll, wurde im bayerischen Rehau ein Denkmal gesetzt.

IDIOTENSICHERE SOMMER-AUBERGINE MIT GOLDENEM REIS UND GERÖSTETEN KERNEN

Was kostet das?

Das kommt sehr auf die schwankenden Preise von Auberginen und Zitronen an, ich habe beim Einkauf etwa 1,90 pro Person bezahlt.

Wie lange dauert das?

Rund 45 Minuten

Das benötigt man für zwei Personen

- 2 Auberginen
- 200 g Reis
- 1 Bio-Zitrone
- 2 Zehen Knoblauch
- 1 EL Sojasoße
- 1 TL Kurkuma oder »Goldene Milch«-Gewürzmischung (gehäuft)
- eine Handvoll Sonnenblumenkerne oder Erdnusskerne
- Pfeffer, Salz, Öl
- optional: Chilisoße und Lauchzwiebel

Wer meine Kolumne häufiger liest oder eine Seite zurückblättert, dem wird aufgefallen sein, dass ich ein Faible für viele der asiatischen Küchen habe. Dennoch habe ich noch nie über Reis geschrieben.

Warum? Weil ich, nun ja, keinen Reis kochen kann. Reis ist mein Kryptonit (für Bildungsbürger: meine Achillesferse) und misslingt mir IMMER. Entweder ähnelt er klebriger Knete oder knackt unangenehm beim Kauen. Trotzdem werde ich es heute versuchen.

Um von meiner Unfähigkeit abzulenken, würze ich den Reis nach Art einer goldenen Milch. Wem das nichts sagt: So nennt man eine warme Milch, die mit einer Gewürzmischung aus Kurkuma, Zimt, Ingwer und schwarzem Pfeffer aufgepeppt und dadurch schön gelb und aromatisch wird. Für einige Monate war dieses Gebräu ein absoluter Hype. Fitness-Blogger und Ernährungs-Gurus rieten mir auf Instagram, das Zeug am besten jeden Tag

zu trinken. Nach Tag zwei war bei mir allerdings schon Feierabend, weil ich lieber bei Kaffee bleiben wollte. Seitdem liegt der Beutel lieblos in meinem Regal, zwischen nie angetastetem Glühweingewürz und »Jerk Rub« herum. Wer die Influencer-Mischung nicht vorrätig hat, nimmt einfach Kurkuma und eine Prise Zimt. Das ist günstiger und letztendlich dasselbe.

Zusätzlich zum güldenen Reis gibt es ein Rezept, das mir noch nie misslungen ist: mit jeder Menge Geschmack aufgeladene Auberginenhälften. Nach einer kurzen OP werden die Auberginen ohne viel Zutun einfach im Ofen vor sich hin brutzeln. Als wertschätzendes Kopfnicken in Richtung der sommerlichen Temperaturen bekommen sie heute sommerliche Geschmäcker eingeimpft, allen voran Zitrus und Pfeffer, dazu Knoblauch.

Wer nicht auf Knoblauch und Zitrone steht, kann der Aubergine auf dieselbe Art und Weise aber auch viele andere Geschmacksrichtungen verleihen. Chili, Ingwer und Sesamöl? Klar. Basilikum/getrocknete Tomate/Feta? Natürlich! An einem »Gönn-dir-Tag« habe ich halbierte Auberginen auch schon mit Kräuterbutter eingerieben und zwei Sorten Käse darauf verteilt. Was soll ich sagen? Es war sehr gut.

So macht man Aubergine im Ofen

Die Auberginen waschen und der Länge nach halbieren. Eine großzügige Portion Salz auf den Schnittflächen verteilen – etwa ein gestrichener Esslöffel pro Hälfte. Fünf Minuten warten und sich keine Sorgen machen, ob man zu viel genommen haben könnte: Das Salz saugt nämlich die überschüssige Flüssigkeit aus den Auberginen und macht sie angeblich geschmeidiger. Außerdem saugt eine so ausgetrocknete Aubergine die anderen Geschmäcker mehr auf. Haben sich große Tropfen gebildet, kann man alles mit Küchenkrepp oder einem sauberen Geschirrtuch abwischen und dabei auch das überschüssige Salz entfernen.

Nun die Auberginen an der weißen Schnittfläche im Schachbrettmuster mit einem scharfen Messer einschneiden, gerade so tief, dass die Haut auf der Unterseite nicht verletzt wird. Es hat etwas von Doktor Bibber.

Die präparierten Hälften mit der Schachbrettseite nach oben in eine ofenfeste Form legen.

Den Knoblauch klein schneiden oder pressen, die Haut einer halben Zitrone abreiben, beides mit einigen (lieber zu viel als zu wenig) Esslöffeln Öl vermengen und in die Einschnitte an der Aubergine drücken. Dann pfeffern und noch einmal salzen, dieses Mal jedoch vorsichtiger. Zum Schluss ein paar Spritzer Sojasoße über den Auberginen verteilen.

Auf den Boden der Form ein paar Esslöffel Wasser geben und sie dann in den Ofen schieben. In der unteren Schiene bei 200 Grad (Ober/Unterhitze) für 30 bis 40 Minuten backen.

In einer Pfanne die Sonnenblumen- oder Erdnusskerne für drei bis fünf Minuten ohne Öl anrösten und beiseitestellen.

Kurzer Exkurs: Scheitern am Reis, in zehn Minuten

Zuerst den Reis waschen. Das ist nicht nur wichtig, um die überschüssige und klebrige Stärke abzuwaschen, sondern auch Staub und Dreck, die bei der Verarbeitung darauf gelandet sind.

Nach dem Waschen den Reis mit Wasser bedecken. Es gibt mehrere Arten, um die richtige Wassermenge zu bestimmen. Meist mache ich es so, dass ich auf eine Tasse Reis zwei Tassen Wasser gebe. Freunde empfehlen mir stattdessen drei, ein Blog hingegen eineinhalb. Ich bin verwirrt und verängstigt, darum wähle ich heute die »Finger-Methode«, die ich auf TikTok gesehen habe. Bei dieser gießt man so viel Wasser in den Topf, dass zwischen Wasseroberfläche und Reis genau ein Zeigefingergelenk passt. Mal sehen, ob das die ersehnte Antwort auf mein Problem ist.

Zum Reis kommen ein halber Teelöffel Salz und ein Teelöffel »Goldene Milch«-Pulver. Auch die Zitrone wandert mit in den Topf, um den Reis weiter zu aromatisieren. Ich koche das Wasser auf, reduziere dann die Hitze und lasse den Reis mit aufgelegtem Deckel köcheln, bis das Wasser verschwunden ist. Am Ende der Garzeit sieht zuerst alles gut aus, dann rühre ich den Reis jedoch mehrmals mit Kochlöffel – und habe einen riesigen Haufen Klebreis daran. Vielleicht hätte ich ihn nicht anfassen dürfen? Oder gleich zum Kochbeutel greifen, der ultimativen Kochkrücke? Trotz seiner leuchtend goldenen Farbe gewinne ich mit dieser klebrigen Beilage keinen Koch-Wettbewerb, das muss die Aubergine jetzt rausreißen.

Zurück zur Aubergine

Woher weiß man, dass das Ofen-Gemüse fertig ist? Um eine Freundin zu zitieren: »Ich pike mit der Gabel rein, und wenn es keinen Widerstand gibt, dann raus mit den Schätzchen.« Dem ist nichts hinzuzufügen, außer: Das sollte nach 30 oder spätestens 40 Minuten im Ofen der Fall sein.

Vor dem Servieren presse ich mit einer Küchenzange noch die mitgekochte Zitrone in meinem klebrigen Reis aus, verteile diesen auf den Tellern und stapele die Auberginen darauf. Die gerösteten Kerne werden am Ende über allem verteilt.

Wer mag, gönnt sich dazu noch etwas Chilisoße. Und wer die perfekten Fotos für seine Social-Media-Profile oder Kochkolumne machen muss, streut als farblichen

Kontrast und extra Knack noch gehackte Lauchzwiebel darüber.

Während ich im Internet nach Reiskochern suche, hoffe ich, dass allen anderen der Reis besser gelungen ist – und wünsche guten Appetit!

Kein Witz: Wie man Reis richtig kocht

Dank der über 200 E-Mails, die ich nach der Veröffentlichung dieser Kolumne erhalten habe, kenne ich den Trick für perfekten Reis inzwischen! Während die komfortabelste Variante der Reiskocher bleibt, geht das auch ganz einfach mit dem Kochtopf. Den Reis wie beschrieben waschen, dann einfach Wasser und Reis in den Topf geben (bei den gängigen weißen Sorten im Verhältnis 2:1) und nach Belieben würzen. Mit aufgesetztem Deckel aufkochen lassen. Sobald es kocht, die Hitze komplett abstellen und den Topf zugedeckt auf der noch warmen Platte stehen lassen, für mindestens 30 Minuten. JETZT. NICHT. ANFASSEN. Den Deckel nicht anheben und den Reis die ganze Koch- und Ziehzeit über nicht mehr anrühren. Mein Fehler war, immer wieder zu rühren und den Deckel anzuheben. Beim Rühren tritt Stärke aus, was den Reis klebrig macht. Bei geöffnetem Deckel verdampft die heiße Flüssigkeit, die den Reis garen soll.

BLOß NICHTS WEGWERFEN!
PASTA MIT PESTO AUS MÖHRENGRÜN

Was kostet das?

Wer die Möhren wie ich erst kaufen muss, um an das Grün zu kommen, zahlt pro Portion 1,50 Euro. Mit der »Hasenmethode« (siehe Spartipp) landet man bei 90 Cent.

Wie lange dauert das?

Etwa 45 Minuten.

Das braucht man für zwei Personen

- 200 g trockene Pasta
- 500 g Möhren (idealerweise in mittlerer Größe und Dicke)
- 100 g Möhrengrün
- 100 g geschälte Sonnenblumenkerne
- 2 Zehen Knoblauch
- 1 Zitrone
- 50 – 100 ml Öl
- Salz und Zucker

Wichtig: Man benötigt für dieses Rezept einen Standmixer, Pürierstab oder zumindest einen Mörser.

Im Internet gibt es Tausende Rezepte für italienisches Pesto, alle gehen »super schnell« und kommen »mit ganz wenigen Zutaten« aus. Alles, was man braucht, sind gutes Olivenöl, Parmesankäse, eine Wagenladung frisches Basilikum und eine Feinunze Pinienkerne. Nur: Allein die kleinste Abgabemenge, der 50-Gramm-Beutel Pinienkerne, kostet mich im Supermarkt um die Ecke 7 Euro – das sind 140 Euro pro Kilo! Da liegen die restlichen Zutaten noch nicht im Einkaufswagen, wenn man selbst geschockt auf dem Boden aufschlägt.

Wer keine Hypothek aufs Elternhaus aufnehmen möchte, greift statt der Pinienkerne zu einer meiner liebsten Geheimwaffen: geschälten Sonnenblumenkernen. Selbst im Biomarkt kosten die nur 3 Euro pro Kilo. Peter Zwegat gefällt das. In der Pfanne ohne Öl geröstet, entwickeln Sonnenblumenkerne einen Geruch, der leicht an Brathähnchen erinnert, sie taugen danach als Topping für Salat und Pasta oder als Grundlage für ein herrliches Pesto.

Weil ich heute die Spendier-Jogginghosen anhabe, gibt es gleich noch einen zweiten Spartipp. Die wichtigste Zutat im Rezept dieser Woche ist nämlich eine, die meist völlig zu Unrecht in der Biotonne oder im Kaninchengehege landet: Möhrengrün ist ein herrliches Kraut, das geschmacklich ein wenig an Petersilie, Spinat und Sellerie erinnert. Wer das wegwirft, verpasst etwas.

Ich Stadtkind musste ein Bund Möhren kaufen, um an das grüne Gold zu kommen, daher gibt es dieses heute zur Pasta dazu. Anstelle der Karotten würden sich heute auch Fisch, weißes Fleisch oder Seitan-Steaks als Paarung zur Pasta eignen. Übrig gebliebenes Pesto hält sich in einem Schraubglas im Kühlschrank etwa eine Woche, man kann es also super vorproduzieren, wenn an einem anderen Tag Möhren auf dem Speiseplan stehen.

Spartipp: Das ist für meinen »Hasen«

In vielen Supermärkten gibt es in der Gemüseabteilung Boxen für Grünabfälle. Auch Möhrengrün landet häufig darin, weil andere Kunden oder Mitarbeitende es für ungenießbar halten. Wie falsch sie doch liegen! Wer sich als Nagetier identifiziert, darf sich dort – je nach Supermarkt – möglicherweise gratis bedienen.

Und auch beim Kochen zu Hause finden sich oft unerwartet leckere Zweitverwertungen:

- Kohlrabiblätter sind im grünen Smoothie, als Suppeneinlage, Pesto oder sogar gefüllt superlecker. Auch die Blätter von Radieschen und Roter Bete lassen sich so verarbeiten.
- Die feineren Blätter des Blumenkohls sind angebraten und gesalzen ein Genuss.
- Die Schalen von ungespritzten Äpfeln, Birnen und Orangen lassen sich trocknen und zu Tee verarbeiten.

Was du nicht essen solltest:

- Tomatengrün (in größeren Mengen giftig!)
- Kartoffelpflanzen (giftig!)
- Rhabarberblätter (giftig – taugen als Sud gekocht aber als unbedenkliches Spritzmittel gegen Blattläuse im Garten)

So macht man Möhrengrün-Pesto und glasierte Karotten

Die Sonnenblumenkerne ohne Öl für etwa vier bis fünf Minuten in der Pfanne rösten, dabei regelmäßig schwenken. Sie sollen goldbraun sein. Wichtig: Sobald sie fertig sind, müssen sie aus der Pfanne raus, sonst verbrennen sie in der Resthitze.

Das Möhrengrün gründlich waschen und klein hacken. Knoblauch schälen und ebenfalls klein hacken. Beides mit dem Saft einer Zitrone und drei Viertel der gerösteten Kerne in einen Standmixer geben. Wer keinen hat, nimmt einen Pürierstab oder Mörser – das dauert nur länger. Pürieren und so lange Öl nachgießen, bis eine angenehm sämige Textur erreicht ist. Mit reichlich Salz abschmecken.

Die Möhren putzen und in der Pfanne liegend gerade so mit Wasser bedecken. Einen Teelöffel Zucker und einen halben Teelöffel Salz dazugeben und etwa zehn Minuten kochen. Nach fünf Minuten wenden. Sehr dicke Möhren brauchen entsprechend länger.

Die Pasta nach Packungsanleitung kochen. Beim Abgießen etwas Kochwasser auffangen.

Pasta und Pesto im Topf mischen, mit dem Kochwasser verdünnen. Dann auf einem Teller anrichten, mit den restlichen gerösteten Kernen bestreuen, Karotten und etwas Zitrone dazulegen.

In einem feinen, veganen Restaurant im Szeneviertel einer Großstadt könnte man für den Angeberteller locker 25 Euro verlangen. Muss man aber nicht – guten Appetit!

SÜẞER APFEL-GRIEẞ-AUFLAUF

Was kostet das?

Als Dessert reicht die Menge für sechs Personen, als Hauptgericht für drei. Als Hauptgericht liegt man pro Person bei circa 1,10 Euro, als Dessert bei 55 Cent.

Wie lange dauert das?

15 bis 20 Minuten Vorbereitungszeit plus 45 Minuten im Ofen.

Das braucht man für einen Auflauf

- 75 g Hartweizengrieß
- 100 g Zucker
- 250 g Topfen oder Quark
- 1 Päckchen Vanillezucker
- 3–4 regionale Äpfel (zusammen rund 500 bis 600 g)
- 3 Freiland- oder Bio-Eier
- 1 Handvoll gehackter Haselnusskerne
- 1 TL Backpulver
- eine Prise Salz

Optional:

- Ein paar Rosinen oder Zimt. Wer mag, darf sich dazu außerdem Vanillesoße, Eis, Apfelmus oder Marmelade gönnen.

Als ich kinderloser Tunichtgut mit dieser Kolumne begann, hatte ich als Zielgruppe vor allem mich selbst vor ein paar Jahren im Blick: ein unerfahrener Student, der keinen richtigen Plan vom Leben hat, nur für sich selbst verantwortlich und stets abgebrannt ist. Jede Woche erreichen mich aber auch E-Mails von jungen Berufstätigen, die im Homeoffice »nebenbei« die Kinderbetreuung wuppen und sich daher für jedes einfache, zeitsparende und kinderfreundliche (soll heißen: ohne Chili und Rosenkohl) Rezept bedanken. Diese Folge ist diesen Eltern gewidmet.

Auch einige meiner frühesten Erinnerungen spielen in der Küche. In der Küche des Restaurants, in dem meine Mutter kellnerte und die Köche mich entgegen aller Hygieneauflagen Beläge für die Pizza schneiden ließen. In der Küche unserer Wohnung, in der die Familie beim Herunterwürgen meiner selbst gemachten Spezialität (Haferflockensuppe mit Gurke und Wurst) versuchte, ihr Lächeln zu bewahren. Oder in der Küche meiner Oma, in der es immer ein wenig nach kaltem Kaffee und warmem Kuchen roch. Ich bin sehr dankbar, dass mir all diese tollen Menschen eine Wertschätzung für Lebensmittel beigebracht haben.

Weil ich dir hier aber nicht das geheime Familienrezept für unseren Apfelkuchen verraten kann – ich musste erst heiraten, um eingeweiht zu werden –, gibt es diese Woche einen ähnlich wohligen Klassiker aus Österreich: einen Grießauflauf mit Topfen (Quark tut's auch) und Äpfeln. Das ist so etwas wie der kleine und feste Bruder des Kaiserschmarrns, aber viel einfacher. Und Kinder können, je nach Alter, bei fast jedem Schritt mithelfen.

So backt man süßen Grießauflauf mit Äpfeln

Die Eier trennen. Die Eigelbe und den Zucker mit einem Handrührgerät verquirlen. Die Eiweiße in einer separaten Schüssel schaumig, aber nicht ganz steif schlagen.

Quark, Grieß, Salz und Backpulver zu den Eigelben geben und wieder mit dem Handrührgerät vermengen. Dann das Eiweiß vorsichtig mit einem Löffel oder Spatel unter die Masse heben.

Spartipp: Apfelschalen

Wer schöne, nicht gewachste Äpfel gekauft hat, muss die bei diesem Rezept entstehenden Schalen nicht wegwerfen! Nicht nur wegen der Grundschulweisheit, dass alle Vitamine darunter stecken – sondern auch jede Menge Geschmack. Darum gibt's gleich zwei Ideen zur Verwertung:

1. In der Restwärme des Backofens komplett getrocknet, taugen die Schalen hervorragend als Apfel-Tee und können in einem ausgewaschenen Marmeladenglas gelagert werden. Getrocknete Schalen von unbehandelten Orangen und zerbrochene Zimtstangen passen ebenfalls gut in den Tee.

2. Gemeinsam mit 100 Gramm Zucker und dem Saft einer Zitrone kann man die Schalen auch in 750 ml Wasser kurz aufkochen und bei abgestellter Hitze für 30 Minuten ziehen lassen. Dann die Schalen entfernen und die Flüssigkeit in eine Flasche gießen: Fertig ist eine leckere Apfel-Limo, die sich im Kühlschrank für eine Woche hält.

Eine Backform mit etwas Butter oder Margarine einfetten und die Hälfte des Teigs hineingeben.

Die vier Äpfel schälen und in Spalten schneiden. Die Hälfte der Äpfel auf dem Teig in der Form verteilen. Wer mag, streut ein paar Rosinen dazu.

Den Rest des Teigs darübergeben. Die zweite Hälfte der Äpfel oben auf dem Teig auslegen. Zum Schluss die Haselnusskerne und gegebenenfalls etwas Zimt darüberstreuen.

Bei 170 Grad (Ober-/Unterhitze) etwa 45 bis 60 Minuten auf mittlerer Schiene backen. Nach 30 Minuten mal nachsehen – falls der Auflauf zu dunkel wird, einfach mit etwas Alufolie bedecken und weiterbacken.

Naschkatzen ergänzen das Ergebnis mit Sahne, Vanillesoße, Eis oder wie ich mit selbst gemachter Marmelade von Mutti. Die durfte ich aber nicht auf die Zutatenliste setzen.

KNUSPRIGER TOFU UND SÜDOSTASIATISCHER GURKENSALAT

Was kostet das?

Pro Person etwa 2 Euro.

Wie lange dauert das?

15 Minuten Arbeit und mindestens eine Stunde Wartezeit zum Marinieren.

Das benötigt man für zwei Personen

- 200 g Naturtofu
- 1 große Salatgurke
- 1 daumengroßes Stück Ingwer
- 1 Lauchzwiebel
- 2 EL Weizenmehl, Pankomehl oder Paniermehl
- optional: 1 Handvoll Erdnüsse (gehackt)

Für das Dressing beziehungsweise die Marinade außerdem:

- 4 EL Sojasoße
- 4 EL Öl (am besten aus Sesam)
- 2 EL Chilisoße (z. B. Sriracha)
- 2 EL Chiliflocken
- 2 EL Essig (am besten aus Reis)
- 1 EL Zucker

Als ich Dorfkind das erste Mal in einem Gespräch von Tofu gehört habe, ging es eigentlich um Fleisch. Mit Freunden scherzte ich unwissend darüber (ohne jegliche Ahnung), wie blöde Veganer:innen seien, weil sie sich so eine geschmacklose Pampe reinziehen. Niemals könne dieses Zeug Fleisch ersetzen. »Ekelhaft«, lautete damals mein Urteil.

Heute verzichte ich zwar selbst weitestgehend auf Fleisch. Trotzdem muss ich zugeben, dass ich damals in einem Punkt recht hatte: Tofu ist kein wirklich guter Fleischersatz. Aber der sollte und wollte er auch nie sein. Sondern eine geniale und abwechslungsreiche Zutat, mit der man viel, viel mehr anstellen kann, als sich einen Block davon auf einen Burger zu werfen (bitte tu das nicht!). In China wird der fermentierte Sojabohnenquark schon seit 2000 Jahren gegessen, ganz ohne großstädtische Hipster-Kultur und Jutebeutel. Auch in vielen anderen Ländern Asiens ist ein Leben ohne ihn kaum vorstellbar.

Dass Tofu hierzulande eher als fade und matschige Steak-Alternative wahrgenommen wird, hängt aber nicht nur mit unserer kulinarischen Beschränktheit zusammen. Sondern auch damit, dass er bis 1990 zum Schutze der Milchbauern verboten war. Vielleicht wird er auch deshalb bis heute in der kleinen Ökoecke im Kühlregal versteckt – da findet ihn nicht einmal die Polizei. Viel Zeit, Tofu ins kulinarische Repertoire aufzunehmen, hatten wir bisher also nicht.

Um das fade Image ein wenig aufzupolieren, mache ich heute einen einfachen Gurkensalat mit gebratenem

Tofu, das Dressing des Salats fungiert dabei gleichzeitig als Marinade für die Knusperwürfel. Auf diese Art zubereitet, taugt Tofu auch als Topping für Bowls, als Füllung für Wraps und vietnamesische Banh-Mi-Sandwiches, oder einfach als TV-Snack auf der Couch.

So einfach macht man Tofu-Knusperwürfel mit Gurkensalat

Bevor wir den Tofu marinieren, wollen wir ihn im ersten Schritt möglichst trocken bekommen. Dazu befreit man ihn erst einmal aus seinem Plastikkleid und presst ihn danach aus. Ohne Spezialgerät geht das am einfachsten zwischen zwei Tellern oder Frühstücksbrettchen, die mit einem großen Buch oder einem Kilo Mehl beschwert werden. So einfach für eine halbe Stunde stehen lassen. Sofern man seine Kräfte kontrollieren kann, geht es alternativ auch mit flachen Händen in zwei Minuten über dem Spülbecken.

Sinn der Übung ist trotz der Zen-Körperhaltung nicht die Meditation: Durch das Entfernen der Flüssigkeit entstehen im Tofu Hohlräume, die später unsere Marinade aufsaugen. Aus dem fälschlicherweise als »langweilig« abgestempelten Lebensmittel wird so eine blanke Leinwand, mit der man wild experimentieren kann.

Die Salatgurke waschen, mit dem Sparschäler in lange Streifen verwandeln und diese in eine Schüssel legen. Das wabbelige Kerngehäuse kann entsorgt werden.

In einer Pfanne das Sesamöl für eine Minute erhitzen. Den Ingwer reiben und in einer kleinen Schale mit den Chiliflocken und dem Zucker vermengen. Das heiße Öl darübergeben und kurz verrühren. Sojasoße, Essig und Sriracha (oder andere Chilisoße) ebenfalls dazugeben.

Die Lauchzwiebel halbieren und in feine Ringe schneiden. Der weiße Teil landet jetzt mit im Gurkensalat, der grüne Part wird später als Garnitur verwendet.

Den nun weitestgehend trockenen Tofu in Würfel mit etwa zwei Zentimeter Kantenlänge schneiden und in eine verschließbare Dose legen. Die Hälfte des Dressings über die Gurken, die andere Hälfte über den Tofu gießen. Beides jeweils gut vermengen und in den Kühlschrank stellen.

Jetzt heißt es: mindestens eine Stunde warten, länger ist noch besser. Ideale Ergebnisse erreichst du, wenn du Salat und Tofu mindestens drei Stunden ziehen lässt und die Dose mit dem Tofu einmal pro Stunde wendest, damit alle Seiten das Dressing aufsaugen können. Essig, Sojasoße und Chilisoße verschwinden mit der Zeit im Tofu, sodass sich seine Farbe von weiß zu hellrot ändert.

Wer vor Hunger irgendwann nicht mehr warten kann, holt zunächst den Gurkensalat aus dem Kühlschrank, damit er nicht eiskalt serviert wird. Dann den Tofu kurz in ein paar Esslöffeln Mehl oder Paniermehl wälzen (die Restfeuchtigkeit der Marinade sollte ausreichen, damit

es haftet) und mit etwas Fett für vier bis fünf Minuten in der Pfanne goldbraun anbraten.

Beides gemeinsam auf dem Teller anrichten. Wer mag, streut beim Servieren noch ein paar gehackte Erdnüsse über den Gurkensalat. Und ja, die günstigen, gesalzenen aus der Dose sind absolut geeignet. Auch Koriander passt hervorragend, sofern man ihn mag. Aber das ist ein Thema für einen anderen Tag.

Guten Appetit!

i

Viele der Zutaten kommen auch bei den Erdnussbutter-Knoblauch-Nudeln auf Seite 27 und im Ramen-Rezept auf Seite 50 zum Einsatz. Zwei meiner absoluten Lieblingsrezepte! Wer sie noch nicht kennt, hat nach dem Einkauf für dieses Gericht schon fast alles Benötigte in der Küche.

CREMIGES DAL TADKA AUS ROTEN LINSEN MIT SELBST GEBACKENEM NAAN-BROT

Was kostet das?

Für das Basisrezept werden nicht mal 2 Euro pro Person fällig. Wer in Sachen Gewürze aufrüsten will, dem sind keine Grenzen gesetzt.

Wie lange dauert das?

Etwa 30 bis 45 Minuten.

Das benötigt man für zwei Personen

Für das Dal:

- 250 g getrocknete rote Linsen
- 500 ml Wasser oder Brühe
- 2 Handvoll reife Tomaten (alternativ gehen auch welche aus der Dose oder sogar 3–4 Löffel Tomatenmark)
- 2 kleine Zwiebeln
- 2–4 Zehen Knoblauch
- 1 mindestens daumengroßes Stück Ingwer
- 2 EL indische Gewürze (zum Beispiel Garam Masala, Curry oder eigene Mischung – dazu unten mehr!)

Für vier kleine Naan-Brote:

- 150 g Weizenmehl
- 75 g Soja- oder Naturjoghurt
- ½ TL Salz
- ½ TL Backpulver

Optional zum Servieren:

- etwas Minze
- 1 Limette
- mehr Joghurt

Kürzlich wurde ich von Freunden zu einer Van-Umbau-Party im Freien eingeladen – also zur bildungsbürgerlichen Millennial-Variante von »Kannst du mir beim

Umzug helfen?«. Weil ich nicht einmal genau weiß, an welchem Ende man einen Hammer anfasst, sagte ich unter einer Bedingung zu: Ich werde nicht an der Säge oder anderen Todesapparaten eingesetzt, sondern darf für die Helfenden kochen.

Nur was tischt man einer schwer arbeitenden Truppe auf, in der man die Hälfte der Menschen noch nicht einmal kennt? Etwas, das verschwitzte Handwerkerinnen ebenso zufriedenstellt wie weniger verschwitzte Geisteswissenschaftler, die keine Ausrede hatten? Etwas, das Veganer und Laktoseintolerante vertragen und eingefleischten Karnivoren trotzdem schmeckt? Ganz einfach: dampfendes, wärmendes, aromatisches Dal Tadka.

Dal, ein Linsengericht aus dem indisch-pakistanischen Raum, ist nicht nur supereinfach zu kochen, sondern auch günstig und variabel. Man kann es ohne großen Aufwand für sehr viele Esser oder mehrere Tage vorkochen. Es gibt unzählige Varianten, was im Umkehrschluss bedeutet, dass man eigentlich nichts falsch machen kann – in irgendeiner Familie wird es sicher genau in dieser Version so gemacht.

Meine Variante mit roten Linsen, Tomaten und der in Öl zum Leben erweckten Gewürzmischung liefert Proteine ohne Ende, steht in nur 30 Minuten auf dem Tisch und liegt nicht schwer im Magen. Als Beilage könnte man Reis servieren, aber weil das Rezept so einfach ist (und ich Reis IMMER zerkoche) zeige ich lieber, wie man ein schnelles und fluffiges Fünf-Minuten-Naan dazu macht.

So macht man Dal Tadka und schnelles Naan

Die Linsen in einem Sieb oder in ihrem Topf abspülen, bis das Wasser klar ist. Dann mit einem halben Liter leicht gesalzenem Wasser oder Brühe zum Köcheln bringen. Die Tomaten waschen, grob hacken und zu den Linsen geben. Abgedeckt bei niedriger Flamme für etwa 30 Minuten köcheln lassen und regelmäßig umrühren.

Für das schnelle Naan einfach Mehl mit Salz und Backpulver vermengen und dann mit dem Joghurt in einer Schüssel zu einem zähen, nicht mehr komplett klumpigen Teig verrühren. Ich mache die Vorarbeit mit einer Gabel und knete dann erst mit den Händen, dann klebt es nicht so stark. Ist der Teig zu flüssig? Dann noch etwas Mehl dazugeben. Ist er zu trocken? Dann löffelweise Wasser oder Joghurt dazugeben.

Den Teig in vier Kugeln aufteilen und diese mit der Hand oder einer Flasche platt drücken. Je ungleichmäßiger, desto schöner! Geometrische Industriebrote hätte man ja kaufen können. Eine Pfanne auf mittlere Hitze stellen und die Teigfladen ohne Öl für etwa zweieinhalb Minuten pro Seite aufbacken. Wenn sie schöne bräunliche Spots zeigen und nicht mehr weiter aufgehen, sind sie fertig. Die Brote in Alufolie einschlagen, dann trocknen sie nicht aus.

Tadka, Tarka, Chouk oder Bagar: Gewürze anbraten

Tadka ist der Name für eine Methode, bei der Gewürze in Fett erhitzt werden, um ihren Geschmack zu intensivieren. Der Trick liegt in diesem Gericht also darin, dass die Gewürze und aromatischen Geschmacksträger nicht mit den Linsen zusammen gekocht werden, bis sie ihren Geschmack verlieren. Stattdessen brät man die Gewürze separat in einigen Löffeln Ghee, Butter oder anderem Fett an. So werden die ätherischen Öle herausgekitzelt und verstärkt. Die ölige Gewürzmasse hebt man erst direkt vor dem Servieren unter die Linsen (oder die Suppe, den Eintopf, das Curry …). Mit dieser Methode kann man auch vielen älteren Gewürzen aus dem Vorratsschrank noch einmal Leben einhauchen.

Je nach Region wird diese Methode der Zubereitung auch Tarka, Chouk oder Bagar genannt, im englischsprachigen Raum sagt man »blooming« dazu. In Indien gibt es dafür eigene kleine Pfännchen, so groß wie eine Suppenkelle.

Nun das Tadka, also die Gewürzmischung der Wahl, vorbereiten. Ich entscheide mich für gehackte Zwiebeln, Knoblauch und Ingwer, dazu eine Mischung aus allem, was mein Gewürzregal dank Glühweinkochen an Weihnachten und ambitionierter Ottolenghi-Experimente zu bieten hat: Koriandersaat, Kreuzkümmel, Bockshornklee, Nelke und Sternanis, Senfsaat und Kardamom – alles grob zerstoßen.

Statt der aufwendig selbst gemörserten Gewürze könnte ich auch eine fertige Garam-Masala- oder Currymischung aus dem Supermarkt nehmen, das ist überhaupt keine Schande. Am Ende ist fast dasselbe darin. Extra für ein Dal würde ich mir auch keine teuren Gewürze kaufen – es ist für mich ein bescheidenes Gericht, das auf Basis meiner gerade vorhandenen Gewürzreste jedes Mal etwas anders schmecken darf. Wichtig ist in jedem Fall, dass man nicht zu sparsam würzt. Pro Person sollte es ein anständiger Esslöffel der trockenen Gewürze sein, die Linsen schlucken nämlich eine Menge des Geschmacks und Aromas. Bei sehr alten Gewürzmischungen muss man weiter nach oben skalieren, weil sie wie Politiker mit der Zeit ihren Charakter verlieren.

Ein Tipp für Leserin Andrea, die mich vor einigen Monaten bereits per E-Mail nach einer Idee fragte, wie ihr nach dem Zubereiten von Hülsenfrüchten nicht mehr »die Spatzen aus dem Arsch fliegen«: Ingwer und Anis passen nicht nur zu den Linsen, sie steigern auch deren Verdaulichkeit enorm.

In einem kleinen Topf oder einer kleinen Pfanne eine selbstbewusste Menge Öl (oder Ghee, Butter, Margarine) erhitzen und die Geschmacksträger allesamt unter Rühren frittieren. Der Geruch soll die Nachbarn neidisch machen! Oder wütend, je nachdem, in was für einem Viertel man wohnt. Sind die Zwiebeln glasig, kann die Hitze abgestellt werden.

Insgesamt sollten die Linsen rund 30 Minuten köcheln, manchmal dauert es etwas länger, bis sie geschmeidig werden. Sind sie fast zu einer einheitlichen Masse geworden, kann serviert werden. Die Hitze abstellen, dann die aromatische Tadka-Mischung mit einem Löffel unter die Linsen heben und schließlich alles auf Tellern anrichten.

Wer mag, gibt noch etwas Joghurt darüber – den musste man für die Naan-Brote ja sowieso anbrechen. Dazu passen auch Limette und Minze. Aber selbst ohne Deko darf man sich über ein großartiges Gericht freuen, dessen Gewürze noch Stunden später auf der Zunge tanzen.

Welche Gewürzmischung bevorzugst du? Teile dein persönliches Rezept gern unter dem Hashtag #KochenOhneKohle auf Instagram und tagge mein Profil @BastiMaas.

KARTOFFEL-LAUCH-SUPPE MIT ZITRONE UND NÜSSEN

Was kostet das?

Ungefähr 6 Euro pro Topf, wenn man Pistazien nimmt, das macht 1,50 pro Portion. Mit Erdnüssen kostet es 4 Euro pro Topf, also einen Euro pro Portion.

Wie lange dauert das?

15 Minuten Arbeitszeit plus 45 Minuten Kochzeit.

Das benötigt man für vier große Portionen

- 500 g Kartoffeln, mehligkochend
- 3 Stangen Lauch (Porree)
- 1 Bio-Zitrone oder Bio-Orange mit unbehandelter Schale
- 150 g Nüsse, z. B. Pistazien (Anfang des Monats) oder Erdnüsse (Ende des Monats)
- Öl, Salz, Pfeffer
- außerdem benötigt: ein Pürierstab

Was ist der Unterschied zwischen einer Soße, einer Suppe, einem Dip und einem Gemüse-Smoothie? Das ist nicht der Anfang eines kulinarischen Witzes, sondern eine Frage, die ich gern mal einer Philosophieprofessorin stellen würde. Das Gericht, das heute auf der Speisekarte

steht, besteht nämlich aus gerade mal vier Zutaten – und fällt irgendwie in alle Kategorien. Wegen des anpassbaren Preises passt es nicht mal in nur ein Kapitel dieses Buches!

Durch die Kartoffeln und den Lauch denkt man zuerst an den Herbst, doch die Zitrone gibt allem eine frühlingshafte angenehme Leichtigkeit. Die mitgekochten und mitpürierten Nüsse dienen als Ersatz für schwere Sahne, durch deren hohen Gehalt an gesunden Fetten wird die Suppe aber trotzdem sehr reichhaltig und cremig.

Als Soße (fein püriert und passiert) würde dieses Gericht super zu einem gebratenen Fisch passen, als Dip (mit etwas weniger Wasser zubereitet) zu knackigen Karotten. Und ob man eine Suppe nun löffelt oder aus dem Glas trinkt, macht vielleicht auch keinen Unterschied mehr. Am Ende ist zum Glück alles lecker.

So macht man Kartoffel-Lauch-Nuss-Suppe

Den Lauch längs halbieren und gründlich unter fließendem Wasser putzen. Mit den Fingern auch zwischen den einzelnen Lagen nach Erde suchen. Am besten hält man ihn mit der grünen Seite nach unten ins Waschbecken, damit man eventuell vorhandenen Dreck nicht in das Gemüse hineinspült.

Den gesäuberten Lauch grob hacken und mit zwei Löffeln Öl auf mittlerer Hitze für fünf bis zehn Minuten in einem großen Topf anschwitzen. Er wird so etwas süßer, als wenn er nur gekocht würde. Derweil die Kartoffeln schälen und ebenfalls grob zerkleinern.

Die Kartoffeln und drei Viertel der Nüsse zum Lauch in den Topf geben und diesen mit Wasser aufgießen, bis alle Zutaten gerade bedeckt sind. Man kann nachher immer noch mehr Flüssigkeit zugeben, falls es zu dickflüssig wird. Aufkochen lassen und dann bei kleiner Hitze für etwa 30 bis 40 Minuten zugedeckt köcheln lassen.

Wer regelmäßig seine Gemüsereste sammelt und daraus eine Brühe kocht, kann diese anstelle des Wassers nutzen.

Die Bio-Zitrone waschen, die Hälfte der Schale abreiben und den Saft auspressen. Die Schale und den Saft jetzt in die Suppe geben, dann den Pürierstab herausholen und alles bis zur gewünschten Sämigkeit pürieren. Ich mag es eigentlich gern sehr fein, beim Kochen für das Foto hat mein Gerät aber auf halber Strecke den Geist aufgegeben. Mit etwas gröberen Stückchen schmeckte es trotzdem.

Überhaupt sollte man sich bei fast jeder (und insbesondere bei einer fein pürierten) Suppe zur samtig-weichen Konsistenz noch mindestens eine weitere Textur überlegen, damit den Gästen nicht auf halber Strecke langweilig wird. Geröstete Nüsse oder Kerne machen sich immer gut, ebenso passen aber auch Croûtons, angebratene Pilze und knackig-frische Sprossen. Zu einer Kartoffel-

suppe passt meist auch ein Würstchen. Oder wie wäre es mit den knusprigen Tofu-Würfeln von Seite 101?

Am einfachsten ist es aber, die vorhin zurückgelegten Nüsse einfach für zwei bis drei Minuten ohne Öl in einer Pfanne anzurösten und direkt vor dem Servieren über den Teller zu streuen. Noch etwas frischen Pfeffer darüber mahlen und reinhauen.

OKONOMIYAKI – HERZHAFTE JAPANISCHE PFANNKUCHEN MIT VIEL GEMÜSE

Was kostet das?

Meine Variante liegt bei 1,20 Euro pro Portion.

Wie lange dauert das?

30 Minuten.

Das braucht man für zwei große Portionen (ergibt 4 Pfannkuchen)

Für den Teig:

- 200 g Weizenmehl
- 200 g lauwarme Brühe, z.B Gemüse- oder Hühnerbrühe
- 2 Eier
- 300 – 400 g gehacktes Gemüse (ich nehme Karotten, Chinakohl, Schnittlauch und Mais)
- 2 weiße Lauchzwiebelhälften
- etwas Öl oder Butter zum Braten

Für die Verzierung:

- 2 EL Mayo
- 2 EL dunkle Soße (mehr dazu unten)
- 2 grüne Lauchzwiebelhälften

Im Kühlschrank warten immer angebrochene und halb verbrauchte Zutaten auf ihren Einsatz. Und nicht immer sehen sie noch ganz taufrisch aus. Denn für fast jedes Gericht, das ich kochen möchte, muss ich zu viel einkaufen. Möhren gibt es meist nur im Ein- oder Zwei-Kilo-Sack, einen ganzen Kohlkopf esse ich nur selten an einem Tag auf. Und wie lange sind diese Dose Mais und die Flasche Grillsoße schon geöffnet?

Ein geniales und überraschend dekadentes Gericht, um solche Reste aufzubrauchen, sind Okonomiyaki. Yaki bedeutet auf Japanisch »gegrillt« oder »gebraten«, Okonomi steht für »nach Belieben« oder etwas freier übersetzt »was du willst«. Gemeint sind damit herzhafte und flexibel zusammengestellte Pfannkuchen mit bunter Füllung. Durch ihre Wandelbarkeit und weite Verbreitung werden Okonomiyaki manchmal auch »japanische Pizzen« genannt.

Wie in Italien mit seiner Pizza gibt es auch in Japan regionale Unterschiede. Im Hiroshima-Stil werden die gehackten Zutaten auf den Pfannkuchen gegeben, manchmal zusammen mit gebratenen Nudeln. In der Gegend rund um Osaka wird das gehackte Gemüse mit dem noch flüssigen Teig vermengt und nach dem Braten kunstvoll mit verschiedenfarbigen Soßen verziert. Genauso werden wir es auch machen! Weil wir natürlich nicht alle japanischen Originalzutaten dahaben – etwa Dashi-Brühe für den Teig oder Bonitoflocken zum Verzieren –, kochen wir aber die deutsche Sparvariante. Ökonomiyaki, sozusagen.

So macht man Okonomiyaki

In einer Rührschüssel das Mehl, die Brühe und die Eier zu einem glatten Teig verrühren. Die Brühe sollte nicht zu warm sein, sonst gibt es Klumpen.

Die Lauchzwiebeln in feine Ringe teilen. Die grünen Teile für später beiseitelegen, in kaltem Wasser bleiben sie knackig. Sehr hartes Gemüse wie Möhren raspeln, das restliche Gemüse in mundgroße Stücke zerkleinern.

Alles Gemüse gründlich mit dem Teig vermengen.

Die Masse sollte jetzt klebrig sein und nicht sofort auseinanderfallen. Sieht es zu trocken aus, etwas mehr Flüssigkeit zugeben. Ist es zu flüssig, etwas Mehl einmischen. Es ist keine exakte Wissenschaft. Wenn es grob aussieht wie Farmersalat, hat man alles richtig gemacht.

Eine Pfanne auf mittlere Hitze bringen. Jeweils ein Viertel der Masse darin in etwas Öl anbraten. Bei etwa zwei Zentimeter Dicke sollten die Teigfladen rund 4 Minuten von jeder Seite Hitze bekommen. Im 70 Grad heißen Ofen bleiben die fertigen Exemplare warm, bis der Rest fertig ist.

Nun nur noch für eine Soßen-Kombi entscheiden, damit verzieren und zum Schluss die knackig-grünen Lauchzwiebelringe drübergeben und servieren. Wer mit Stäbchen essen möchte (oder kann), darf die Fladen mit einem großen Messer grob teilen. Alle anderen greifen zu Messer und Gabel. Okonomi eben – ganz nach Belieben.

Wie geht das mit der Soße?

In der Kansai-Region rund um Osaka verziert man die Okonomiyaki vor dem Servieren mit japanischer Mayo und einer speziellen Soße aus Ketchup, Worcestershire- und Austernsoße. Diese werden in feinen Streifen weit über dem Teller verteilt und dann mit einem Holzstäbchen von oben nach unten in Wellenform gezogen.

Helle Soße:
Weil die japanische Mayo hierzulande 9 Euro die Flasche kostet, ersetzen wir sie guten Gewissens durch Standardmayo. Füllt man diese in einen kleinen Gefrierbeutel und schneidet nur eine winzige Ecke davon ab, kann man diesen als einfachen Spritzbeutel benutzen. Umso feiner die Linien werden, umso angeberischer sieht es aus!

Dunkle Soße:
Der einfachste Weg ist sicher Barbecuesoße, die vom Grillsommer übrig geblieben ist. Doch auch Ketchup mit etwas Sojasoße, ein Mix aus Chilisoße, Honig und Sojasoße oder etwaig rumstehende Teriyaki-Marinaden können durch den Trick mit dem Plastikbeutel über den Okonomiyaki verteilt werden. Bei manchen Themenwochen im Discounter bekommt man aber auch Austernsoße, eine wahre Umami-Bombe.

UNDERCOVER-SCHNITZEL AUS SELLERIE MIT ERBSENSTAMPF

Was kostet das?
Circa 1,50 Euro pro Portion.

Wie lange dauert das?
Etwa 30 Minuten.

Das benötigt man für zwei Portionen
- 500 g Tiefkühlerbsen
- 100 ml Milch, Sahne oder pflanzliche Alternative
- 1 kleiner Knollensellerie
- 1 Ei
- 1 Tasse Semmelbrösel/Paniermehl
- ein paar Blättchen frische Minze
- Salz, Pfeffer, Öl zum Braten
- optional: etwas Zitronensaft

Als ich vor ein paar Jahren zum ersten Mal in London war, schlenderte ich wie jeder Tourist die Sehenswürdigkeiten ab, die ich bisher nur aus »James Bond« und »Doctor Who« kannte. Am Ende des Gewaltmarschs bestellte mir am Camden Market eine Portion »Fish & Chips« an einer Imbissbude. Der Fisch war okay, die essigsauren Pommes gewöhnungsbedürftig. Daneben thronte jedoch ein

mir vorher unbekanntes, drittes Element in der kleinen Pappschale: leuchtend grünes Erbsenpüree. Viel bekam ich davon nicht ab, weil meine Frau sowohl ihre als auch meine Portion mit leuchtenden Augen in sich hineinschaufelte.

Dem Vorurteil nach haben britische und deutsche Küche ja vor allem eines gemeinsam: Sie gelten international als nicht besonders raffiniert. Viel Fleisch, viel Fett, viel schwere Kost – traditionell wohl, um die dunklen, regnerischen Tage und langen Winter zu überstehen. Nun leben wir aber nicht mehr im Mittelalter und dürfen zu jeder Jahreszeit zwischendurch gerne auch mal ein paar gesündere Noten auf dem Teller verstecken. Dieser Imbiss-Erbsenstampf hatte genau das geschafft und den zwei frittierten Komponenten etwas unerwartet grün und frisch Schmeckendes entgegengesetzt.

Seit diesem Besuch in London steht Erbsenpüree daher regelmäßig auf unserer Speisekarte. Es ist eines dieser dankbaren Gerichte, die keine zehn Minuten Arbeit benötigen, weil man dafür einfach Tiefkühlerbsen nimmt. Die werden erntefrisch eingefroren und kommen nur für drei bis vier Minuten in kochendes Wasser. Ein Großteil der Nährstoffe und das leuchtende Grün bleiben so erhalten.

TK-Erbsen sollte man immer im Gefrierfach haben, auch für schnelle Suppen, Pasta oder Aufläufe kann man sie immer gebrauchen. Wie alle Hülsenfrüchte sind sie gute Eiweißlieferanten, außerdem enthalten sie B-Vitamine und Ballaststoffe. Und sie sind unschlagbar günstig. Die Minze gibt es für den besonderen UK-Flair dazu – denn nicht erst seit Asterix wissen wir, dass die bei »den Briten« nicht fehlen darf.

Gestampft passen Erbsen super als Beilage zu Fleisch und Fischgerichten. Weil die aber recht teuer sind, gibt es heute eine günstigere und sehr einfache Alternative: Sellerieschnitzel. Die sind einer der besten Wege, um undercover mehr Gemüse auf den Teller zu schmuggeln. Sie tarnen sich nämlich als »normale« Schnitzel, sind in meinen Augen aber besser, weil sie grundsätzlich ohne Knorpel und Sehnen kommen.

Der Sellerie verliert durch kurzes Blanchieren die Garstigkeit und wird in knuspriger Panade goldbraun gebraten. Mit diesem Trick bekommt man auch Gemüsemuffel wie kleine Kinder oder sehr »männliche« Männer dazu, mehr Grünzeug zu essen.

So einfach macht man Sellerieschnitzel und Erbsenpüree mit Minze

Den Knollensellerie mit einem Messer schälen und die Kugel in 1,5 bis 2 cm breite Scheiben schneiden. Diese in einem Topf voll kochendem und leicht gesalzenem Wasser für zehn Minuten vorgaren.

Derweil die Panierstation vorbereiten. Ein verquirltes Ei auf einen tiefen Teller geben, auf einen Teller daneben die mit einer Prise Salz und Pfeffer gewürzten Semmelbrösel verteilen, einen dritten Teller zum Ablegen der panierten Gemüsescheiben bereitstellen.

Die Selleriescheiben nach zehn Minuten mit einer Schöpfkelle oder einem Pfannenwender aus dem Wasser fischen und kurz abkühlen lassen, damit man sich gleich nicht die Finger verbrennt. Das Wasser aber nicht wegkippen, da können gleich die Erbsen rein.

Jetzt die Schnitzel panieren: Mit der linken Hand die Scheiben durch das Ei ziehen, dann in die Semmelbrösel fallen lassen. Mit der rechten Hand darin wenden und schließlich auf den dritten Teller legen. So vermeidet man, nur die eigenen Hände zu panieren. Den panierten Sellerie dann von beiden Seiten je drei bis vier Minuten in neutralem Öl anbraten.

In der Zeit die gefrorenen Erbsen ins kochende Wasser geben und dort für vier bis fünf Minuten ziehen lassen. Dann die Hitze abstellen und das Wasser abgießen. Etwas Salz und Pfeffer, die Minzblätter und die Milch oder Sahne in den Topf mit den Erbsen hinzugeben.

Nun hat man die Lizenz zum Stampfen: Mit einem Kartoffelstampfer oder meinem Lieblingswerkzeug, dem an jeder zweiten Rumflasche hängenden Cocktailstößel, geht das in wenigen Sekunden. Ob man das lieber sehr fein oder recht grob mag, ist jedem selbst überlassen.

Schnitzel und Stampf zusammen servieren, gegebenenfalls noch wie beim

»echten« Schnitzel etwas Zitronensaft über den Teller schießen. Guten Appetit!

Übrigens: Wer geschmacklich etwas variieren möchte, kann das Paniermehl der Schnitzel nach Herzenslaune weiter würzen und auf dem Teller eine kleine Weltreise veranstalten. Getrocknete Kräuter, Cayennepfeffer und Paprikapulver oder Dukkah- und Garam-Masala-Mischungen passen alle ausgezeichnet und verbrennen wegen der recht kurzen Bratzeit auch nicht.

ZUCCHINI-KÄSE-NUGGETS FÜR ALLE, DIE KEINE ZUCCHINI MÖGEN

Was kostet das?
Etwa 1,60 Euro pro Portion

Wie lange dauert das?
15 Minuten Arbeit plus 30 Minuten Backzeit

Das braucht man für zwei Portionen

- 2 mittelgroße Zucchini
- 1 Tasse Semmelbrösel und/oder altbackenes Brot
- 1 Lauchzwiebel
- 5 – 8 Scheiben Schmelzkäse
- 2 TL frisch gehackten oder 3 TL gefrorenen Dill
- etwas Knoblauch
- optional: 1 Ei

Für den Dip:

- 1 kleiner Becher Naturjoghurt
- etwas Zitronensaft
- Salz, Pfeffer

Mitte August braucht man es gar nicht wagen, den Garten von Verwandten und Bekannten zu betreten, wenn man nicht auf dem Heimweg körbeweise Zucchini mit nach Hause nehmen möchte. Neulich schickte mir ein Freund ein Foto eines besonderen Exemplars aus dem Garten seiner Eltern – größer als sein Arm und in der unangenehm plastischen Form einer Hulk-Erektion.

Für mich (und Leute, die nicht auf den Hulk stehen) ist die Zucchini-Schwemme keine schöne Zeit, denn eigentlich mag ich das Kürbisgemüse gar nicht. Zumindest nicht in seiner klassischen Zubereitungsart – also zerkocht in Tomatensoße, als matschige Beilage zu Pasta. Und bitte fang mir nicht mit »Zoodles« an. Aber weil mir derzeit wirklich jeder Nachbar und jede entfernte Tante selbst geerntete Zucchini andrehen wollen, musste ich irgendwie einen Weg finden, sie trotzdem zu lieben. Also die Zucchini, nicht die Verwandten und Nachbarn.

Die Idee dafür gab mir eine Kollegin: In der Türkei gibt es ein tolles Gericht namens »Mücver«. Das sind flache, in der Pfanne gebackene Zucchini-Pfannkuchen, die mit einer Kombination aus Dill, Zitrone und Zwiebeln gewürzt werden. Sie schmecken frisch, sommerlich, heimelig – sind aber nicht sonderlich fotogen.

Um das Ganze etwas snackiger zu machen und gleichzeitig auf Instagram zu glänzen, übertrage ich das Konzept auf mein liebstes Fingerfood: Chili-Cheese-Nuggets. Das sind mit heißem Schmelzkäse und Jalapeños gefüllte Teiglinge, die eigentlich frittiert werden. Wir sparen uns allerdings die Kalorien sowie das extra Arbeitsgerät und backen unsere käsigen Zucchini-Nuggets einfach im Ofen. Dazu gibt es einen leichten Zitronenjoghurt als Dip.

So macht man Zucchini-Käse-Nuggets

Die Zucchini waschen, beide Enden entfernen und den Rest mit einer groben Reibe in eine Schüssel reiben. Damit die Nuggets im Ofen knusprig werden und die Form behalten, muss nun möglichst viel Flüssigkeit aus der Zucchini-Masse herausgepresst werden. Das geht mit den Händen, angenehmer ist es aber in einem sauberen Stofftuch: die Raspeln einfach in die Mitte legen, die Enden nach oben schlagen und dann durch Zwirbeln auswringen. Wer kein sauberes Tuch hat, bestreut die geriebene Zucchini mit etwas Salz, wartet zehn Minuten und drückt die Masse dann mit den Händen über einem Sieb aus.

Die Frühlingszwiebel und den Dill grob hacken, dann zusammen mit dem Käse und der Zucchini in der Schüssel mischen. Auch etwa ein Becher zerrupftes Brot kommt nun dazu. Gut eignet sich altes Weiß- oder Mischbrot, das viel Feuchtigkeit aufsaugen kann. Aber auch Semmelbrösel oder Panko-Paniermehl funktionieren hier. Mir gefällt am besten eine Mischung aus 50 Prozent Brot

und 50 Prozent Semmelbröseln. Wer ein Ei hat, gibt das für zusätzliche Bindung hinzu. Dann alles gründlich mit den Händen vermengen.

Aus der Masse kleine Bällchen formen, jeweils etwas größer als ein Tischtennisball. Diese auf einem mit Backpapier ausgelegten Backblech verteilen. Wer hat, kann die Bällchen zuvor auch noch einmal in Semmelbröseln rollen, für mehr Crunch. Bei 200 Grad (Ober-/Unterhitze, alternativ 180 Grad Umluft) für etwa eine halbe Stunde backen. Nach der Hälfte der Zeit einmal wenden.

Derweil den Joghurtdip zubereiten. Dafür einfach den Saft einer halben Zitrone mit einem kleinen Becher Naturjoghurt verrühren. Mit Salz und Pfeffer würzen.

Die Nuggets aus dem Ofen holen und ein paar Minuten abkühlen lassen, der Schmelzkäse hat sonst die Eigenschaften von Lava. Das Besteck in der Schublade lassen und mit den Fingern essen!

Beim ersten Probieren hat mir dieses Rezept so gut geschmeckt, dass ich meine Abneigung gegenüber Zucchini nicht nur komplett vergessen, sondern tief im Garten begraben habe. Ab sofort werde ich mich jeden Sommer darauf freuen.

CONQUET

SPARTIPP: DAS ABC DER LAGERUNG

Das Einzige, was noch mehr schmerzt, als viel Geld für Zutaten zu bezahlen? Die teuren Einkäufe eine Woche darauf vergammelt in den Müll zu werfen. Laut Zahlen des Bundeslandwirtschaftsministeriums werden allein in deutschen Privathaushalten pro Jahr **6,1 Millionen Tonnen Lebensmittel weggeworfen**. Neben den Auswirkungen auf Umwelt und Klima ist das auch finanziell ein großes Problem. Mit ein paar Tricks, etwas Planung und Wissen kann man seine Lebensmittel aber deutlich länger lagern und somit weniger Abfall erzeugen.

Abgelaufene Lebensmittel sind oft noch gut. Ein Mindesthaltbarkeitsdatum ist nämlich nicht dasselbe wie ein Verfallsdatum. Die meisten Produkte kann man sorgenfrei auch Tage und manchmal Wochen nach dem verstrichenen Mindesthaltbarkeitsdatum essen. Die Lebensmittelhersteller dürfen den Termin auf der Packung nämlich selbst festlegen – und profitieren davon, wenn Dinge schneller weggeworfen und neu gekauft werden. Im Zweifel auf das Bauchgefühl hören und checken, ob das Lebensmittel noch okay riecht und aussieht. Anders sieht es mit Angaben wie »zu verbrauchen bis« aus – das steht zum Beispiel auf Hackfleisch oder Fischprodukten. An diese Angaben sollte man sich dringend halten, weil man sonst ernsthafte Erkrankungen riskiert.

Äpfel verströmen Ethylen, ein Gas, das anderes Obst und Gemüse schneller reifen lässt. Bestenfalls lagert man sie daher getrennt vom restlichen Einkauf. Viele Ratgeber sagen, dass sie nicht in den Kühlschrank gehören, nach meiner Erfahrung halten sie sich da aber deutlich länger als bei Raumtemperatur.

Avocados reifen neben Äpfeln quasi im Zeitraffer – was gut sein kann, wenn man ein hartes Exemplar am nächsten Tag essen möchte. Angeschnittene Avocados können mit Zitronensaft beträufelt werden, dann werden sie nicht braun.

Bananen lagert man am besten hängend, dann bekommen sie keine Druckstellen. Den Strunk, an dem alle Bananen zusammenhängen, kann man mit Frischhaltefolie umwickeln, dann halten sie ein paar Tage länger durch.

Beeren sollten im Kühlschrank gelagert werden. Viele Sorten können auch eingefroren werden – besonders praktisch, wenn sie schon seeeehr reif sind. Bei Bedarf können sie dann nämlich später noch für Smoothies, Milchshakes oder Marmeladen genutzt werden.

Brot hält sich bei Zimmertemperatur am besten. Idealerweise nutzt man einen gut belüfteten Brotkasten oder einen Tontopf dafür. Gutes Sauerteigbrot hält sich meist länger als das meiste Industriebrot aus der Tüte – ganz ohne Chemie. Übrig gebliebenes Brot darf eingefroren werden. Am besten scheibenweise, dann kann man es später im Toaster auftauen.

Eier kann man für einige Wochen auf Raumtemperatur lagern, danach sollten sie in den Kühlschrank. Auf der Verpackung sind meist zwei Daten angegeben. Um sicherzugehen, ob ein Ei noch gut ist, kann man es in ein Glas mit Wasser geben: Sinkt es zu Boden, ist es essbar. Treibt das Ei hingegen an die Oberfläche, haben sich darin Gase gebildet, die nichts Gutes bedeuten.

Einfrieren kann man harte Gemüsesorten wie Karotten, Erbsen und Sellerie, wenn man gerade keine Verwendung für sie hat. Auch mit Resten und Abschnitten funktioniert das gut: Sammelt man die regelmäßig anfallenden Gemüsereste in einem großen Gefrierbeutel, kann man davon später immer noch eine Brühe kochen. Wichtig: Einmal Aufgetautes nicht wieder einfrieren, sondern aufbrauchen.

Einkochen kann man nicht nur im großen Stil wie Oma, sondern auch die wenigen Reste aus der WG-Küche. Reife Tomaten werden zu einer leckeren Tomatensoße, die im ausgekochten und luftdichten Behälter Monate hält. Überreifes Obst (wie Birnen und Beeren) wird zu einer leckeren Marmelade oder Grütze, wenn man es mit etwas Zucker durcherhitzt. Wer die Lebensmittel nicht in Einmachgläsern dauerhaft einlagern will, kann sie nach dem Einkochen auch für einige Tage im Kühlschrank aufbewahren.

Fisch und Fleisch sollten durchgehend gekühlt aufbewahrt werden (mit Ausnahme von gepökelten Varianten wie bestimmten Würsten). Das Verfallsdatum sollte man hier dringend beachten, vor allem bei Hackfleisch und Meeresfrüchten.
Frisches Fleisch und frischer Fisch können eingefroren werden. Dabei sollte man bedenken, dass ein Kühlfach nicht dasselbe ist wie eine richtige Tiefkühltruhe – Eingefrorenes hält sich im Kühlfach deutlich kürzer. Aufgetaute Fleisch- und Fischprodukte dürfen nicht noch ein zweites Mal in die Kühltruhe.

Karotten werden bei Raumtemperatur schon kurz nach dem Einkauf schrumpelig. Am besten lagert man sie in ein trockenes Geschirrtuch gewickelt im Gemüsefach des Kühlschranks. Die Blätter der Karotte kann man zu Pesto verarbeiten und müssen nicht in den Müll. Weiche Karotten kurz vorm Essen in kaltes Wasser stellen, dann werden sie wieder knackig!

Kartoffeln am besten dunkel, kühl und trocken lagern. Im Keller halten sie bestenfalls den ganzen Winter über. Wer keinen hat, stellt sie in die Abstellkammer oder den unbeheizten Flur. Keime und grüne Stellen sollte man nicht essen, sondern großzügig abschneiden. Sie enthalten einen Giftstoff namens Solanin, der für kleine Kinder und Alte gefährlich sein kann.

Konservendosen sind zwar praktisch und ihr Inhalt ist lange haltbar, dafür sind sie aber (je nach Machart) mit verschiedenen Kunststoffen beschichtet. Bei einigen Varianten beginnt das Metall in der Dose nach dem Öffnen mit dem Sauerstoff in Atmosphäre zu reagieren und gibt Schadstoffe an das Essen ab. Ihr Inhalt sollte daher umgefüllt werden, wenn man nicht die ganze Dose aufbraucht.

Kräuter entweder in ein feuchtes Tuch einschlagen oder (wie Schnittblumen) in ein Glas mit Wasser stellen und im Kühlschrank lagern. Im Notfall kann man viele Kräuter auch einfrieren, sie eignen sich dann bloß nicht mehr als Cocktail-Dekoration, weil sie weich werden.

Lauchzwiebeln (Frühlingszwiebeln) bewahrt man am besten im Kühlschrank auf. Am längsten halten sie, wenn man sie in Küchenpapier einschlägt. Wer zusätzlich eine Plastiktüte um sie wickelt, verhindert damit, dass sie ihren scharfen Geruch an alle anderen Lebensmittel im Kühlschrank abgeben. Alternativ kann man sie auch in ein Glas mit einem Fingerbreit Wasser stellen. Die abgeschnittenen Köpfe samt Wurzeln wachsen darin sogar weiter.

Mehl und andere **trockenen Zutaten wie Speisestärke, Semmelbrösel, Nüsse, Saaten und Körner** sollten nicht direkt in der Nähe des Herds stehen, weil sie den Wasserdampf vom Kochen magisch anziehen. Am längsten halten sie in luftdicht verschließbaren Behältern. Dafür eignen sich auch große Gurkengläser, wenn man nicht extra Dosen kaufen möchte. Denn: In den Verpackungen schleppt man manchmal Schädlinge mit nach Hause, zum Beispiel Lebensmittelmotten. Sind die einmal im Schrank drin, kann man alles halb offen Gelagerte wegwerfen.

Milchprodukte halten sich häufig länger, als auf der Verpackung steht – sollten aber dennoch immer im Kühlschrank aufbewahrt werden.

Nüsse: siehe Mehl.

Pilze halten am längsten durch, wenn man sie mit einem trockenen Tuch bedeckt im Kühlschrank lagert. Zumindest die gängigen Sorten, die man in den meisten Supermärkten bekommt.

Planung ist wichtig! Wer impulsiv einkauft, holt meistens zu viel und riskiert damit, auch viel wegwerfen zu müssen. Stattdessen zu Hause eine Liste machen: Was und wie viel will ich den nächsten Tagen kochen? Nur die benötigten Zutaten kaufen und nicht von Angeboten ablenken lassen! Mehr Tipps zum schlaueren Einkaufen gibt's auf Seite 58.

Plastikverpackungen erleichtern vielleicht den Einkauf, sammeln aber Kondenswasser und sorgen für ein sehr feuchtes Klima. Damit Obst und Gemüse nicht schimmeln, sollten die Verpackungen direkt nach dem Einkauf entsorgt werden.

Radieschen halten sich am längsten, wenn man ihre Blätter sofort entfernt. Die Knollen kurz abwaschen und noch feucht in einem verschließbaren Behälter im Kühlschrank lagern.

Salate, vor allem geschnittene, sollten schnell gegessen werden. Selbst im Kühlschrank halten sich viele Sorten nur zwei bis drei Tage. Eingewickelt in ein feuchtes Tuch, auf das etwas Essig getropft wurde, kann man unter Umständen einen Tag mehr rausholen. Am besten einfach keinen Salat auf Vorrat kaufen und stattdessen tagesaktuell aufbrauchen. Eisbergsalat und manch andere Köpfe halten länger, wenn man den Strunk entfernt.

Schimmelpilze sehen nicht nur eklig aus, sondern sind auch gesundheitsschädlich. Schimmlige Lebensmittel gehören in den Müll, ihre Nachbarn und der Behälter sollten nach dem Aussortieren gecheckt und ggf. mit heißem Essigwasser gereinigt werden, um weiteren Befall zu vermeiden. Schimmelt Brot, sollte nicht nur die Scheibe, sondern der ganze Laib entsorgt werden.

Südfrüchte wie Ananas, Papaya und Mango dürfen auf keinen Fall in den Kühlschrank. Außerdem sollten sie nicht neben Äpfeln im Obstkorb liegen.

Tomaten sind nicht ganz so schlimm wie Äpfel, was Ethylen angeht. Trotzdem sorgen sie durch unsichtbare Dämpfe dafür, dass ihre direkten Nachbarn im Obst- und Gemüsekorb schneller reifen und schlecht werden. Sie sollten nicht im Kühlschrank aufbewahrt und möglichst schnell verbraucht werden. Sehr weiche Tomaten können gut eingekocht werden.

Zitrusfrüchte wie Orangen und Limetten mögen es am liebsten kühl und dunkel. Trotzdem sollte man sie nicht im Kühlschrank lagern, weil sie dann viel Geschmack verlieren können. Beim Einkauf legt man sie am besten oben in den Korb, weil schon kleine Druckstellen schnell verderben.

Zwiebeln mögen es trocken und dunkel, wie die Kartoffeln. Sie sollten aber Luft bekommen und nicht in eine Dose gesteckt werden. Besser ist ein Jutebeutel.

ENDE DES MONATS –

GERICHTE FÜR UNTER EINEM EURO

MAMMMMMA MMMMIA: ITALIENISCHE GNOCCHI

Was kostet das?

Wer wie ich beim Discounter einkauft, zahlt für das ganze Rezept etwa 3 Euro, also 75 Cent pro Portion.

Wie lange dauert das?

Alles in allem etwa eine Stunde – wobei man die Hälfte der Zeit damit verbringt, den Kartoffeln beim Kochen zuzusehen.

Das braucht man für vier Portionen Gnocchi

- 1 kg (mehligkochende!) Kartoffeln
- 250 g Mehl, idealerweise Weizen oder Dinkel
- 1 Ei – wer es vegan halten will, nimmt 100 g Mehl mehr
- 2 großzügige EL Butter oder Margarine
- je 1 große Prise Salz, Pfeffer und Muskatnuss

Dazu:

- 200 g Kirschtomaten
- 2 Handvoll Rucola
- 2 Zehen Knoblauch

Am Ende meines Studiums hatte ich vor allem eines gelernt: die zweite Hälfte des Monats ohne Vitamine und Mineralien auszukommen und mich lediglich von Kohlenhydraten zu ernähren. Schnell zwei Pfandflaschen hinter dem Sofa hervorgepult und im Supermarkt gegen 500 Gramm Pasta getauscht, fertig.

Auch wenn ich heute gern Berge von Gemüse esse: Manchmal brauche ich eine gute Ladung Kohlenhydrate, das schulde ich dem Studenten in mir. Gut also, dass in diesem Gnocchi-Rezept mit Kartoffeln und Mehl gleich zwei Sorten Carbs enthalten sind. Dazu noch etwas Fett, Zeit – und eine verdreckte Küche, die gern jemand anderes sauber machen darf.

Traditionell würde man Gnocchi (ich musste 34 werden, um zu begreifen, dass das einfach »Nocken« auf Italienisch heißt) mit Butter und Salbei servieren. Weil ich keinen Salbei mag – und es beim Discounter um die Ecke keinen gab –, habe ich das Rezept leicht abgewandelt: Zu den selbst gemachten Gnocchi gibt es kleine Tomaten, Rucola und Knoblauch. So bleibt man farblich auch näher an der italienischen Flagge.

So macht man Gnocchi selbst

Die Kartoffeln in der Schale für 20 bis 25 Minuten in kochendem Salzwasser garen. Nach der Garprobe (Flutscht die Kartoffel vom Messer?) gründlich abgießen und ohne Deckel fünf bis zehn Minuten auf dem ausgeschalteten Herd stehen lassen, damit die restliche Flüssigkeit aus dem Topf und von den Kartoffeln verdampft. Dann erst die Kartoffeln pellen.

Küchenchefinnen und süddeutsche Hausmänner würden nun eine Kartoffelpresse zur Hand nehmen. Da ich keine habe, muss etwas herhalten, das man in so gut wie jeder U30-WG findet: der Caipirinha-Stößel aus der Besteckschublade. Zur Not tut es auch eine Gabel. Damit verdient man sich jetzt die Kohlenhydrate, denn die Kartoffeln müssen gestampft werden. So fein, wie es nur geht. Hier profitiert, wer mehligkochende Kartoffeln gekauft hat und nicht vorwiegend festkochende wie gewisse SPIEGEL-Redakteure (ich) – die matschen nämlich nur halb so gut. Wer Motivation braucht, denkt an ehemalige US-Präsidenten, wütend hält man länger durch.

Sind die gegarten Kartoffeln Matsch? Gut. Dann kommt Sauerei Nummer eins: Das Mehl sowie Salz, Pfeffer, Muskatnuss und das optionale Ei zu den Kartoffeln in die Schüssel geben und alles mit den Händen zu einem möglichst glatten Teig verkneten. Wenn er zu sehr an den Fingern klebt, noch mehr Mehl dazugeben. Irgendwann fühlt sich das Ganze wie ein festes Kissen an. Jetzt den Teig in vier Teile teilen.

Nun kommt Sauerei Nummer zwei: Dazu die Arbeitsfläche mit reichlich Mehl bestäuben und die Teigstücke zu etwa fingerdicken Würsten ausrollen. Später werden die Gnocchi im Wasser aufgehen, es lohnt sich daher, wirklich dünne Rollen zu formen. Diese in zwei bis drei Zentimeter breite Stücke schneiden und mit einer Gabel leicht eindrücken oder sie sanft über eine liegende Gabel rollen.

Wenn du allein lebst oder nicht so viel Hunger hast, kannst du den veganen Teig (also ohne rohes Ei) oder die vorbereiteten Gnocchi ohne Probleme für ein paar Tage im Kühlschrank lagern. Idealerweise bestäubst du sie dafür mit etwas Mehl oder Grieß, damit sie nicht aneinanderkleben. Alternativ brätst du alle Gnocchi heute auf und überbäckst dir die Reste morgen mit etwas Käse im Ofen. Dazu gibt es dann den restlichen Salat. Zwei Essen in einem!

Der benutzte Topf bekommt jetzt seinen zweiten Einsatz: Erneut Salzwasser zum Kochen bringen und die Gnocchi für wenige Minuten hineingeben. Am besten in kleineren Portionen, maximal ein Viertel der Menge auf einmal. Schließlich wollen sie an die Wasseroberfläche, wenn sie gar sind. Die fertigen Exemplare mit einer Schöpfkelle oder einem Löffel von der Wasseroberfläche fischen und kurz mit etwas Abstand voneinander auf einem Backblech lagern, bis der Rest fertig ist.

Nun könnte man die Gnocchi schon essen, sie haben dann etwas von Kartoffelknödeln. Grandios werden sie aber erst, wenn man eine Pfanne herausholt, eine obszöne Menge Butter oder Margarine hineinwirft und die Nocken goldbraun anbrät. Regelmäßig wenden, damit nichts anbrennt!

Während die Gnocchi in der Pfanne sind, die Tomaten halbieren, den Rucola waschen und den Knoblauch in feine Scheiben schneiden. Haben die Kartoffelfreunde die gewünschte Bräunung erreicht, kommen für nur 30 Sekunden die eben vorbereiteten Zutaten zu ihnen in die Pfanne. Zweimal durchschwenken und sofort ab auf den Teller.

Mit dem Basisrezept lassen sich, abhängig von Budget und Vorratsschrank, auch andere Varianten zaubern. Wer ein Date hat und mächtig Eindruck schinden will, ersetzt Knoblauch und Tomaten durch die fein geriebene Zeste einer unbehandelten Bio-Zitrone und gibt deren Zaft (hihi) kurz vor dem Servieren mit dem Rucola und etwas Parmesan in die Pfanne. Das wirkt extrem raffiniert – und man vermeidet den Drachenatem. Doch selbst mit bescheidenem Basilikum oder gar getrockneten Kräutern der Provence sind die angebratenen Gnocchi ein Hit.

GEQUETSCHTE TIKTOK-KARTOFFELN MIT KNOBLAUCHÖL UND ZITRONENDIP

Was kostet das?

Ich habe glücklicherweise günstige Zitronen bekommen, weshalb ich für die verbrauchten Zutaten knapp unter 2 Euro bezahlt habe – also 99 Cent pro Portion.

Wie lange dauert das?

45 Minuten bis eine Stunde, je nach Ofen.

Das braucht man für zwei Portionen

Für die Kartoffeln:

- 1 kg Drillinge (kleine Kartoffeln), idealerweise mehligkochend oder vorwiegend festkochend
- 2–4 Zehen Knoblauch
- 8 EL Olivenöl

Für den Dip:

- 4 EL Naturjoghurt
- 4 EL Frischkäse
- 1 Handvoll Petersilie
- die Zeste einer Bio-Zitrone
- Salz und Pfeffer zum Abschmecken

Ich möchte niemandem zu nahetreten, aber ich gehe einfach mal davon aus, dass ein Großteil der hungrigen SPIEGEL-Stammleserschaft nicht sonderlich viel Zeit auf TikTok verbringt. Auch möchte ich ungern Werbung für chinesische Spionage-, ääh, Social Networks machen. Aber die Rezepttipps auf der Plattform sind, wie viele andere Videos, echt gut!

Ein Rezept, das mir zuletzt besonders häufig in den Feed gespült wurde, war das für Smashed Potatoes, also zerquetschte Kartoffeln. Als Alman hatte ich eigentlich gedacht, bereits jedes Kartoffelrezept der Welt zu kennen. Ich lag falsch!

Smashed Potatoes sind so etwas wie die perfekte Harmonie aus Kartoffelpüree und Pommes: ein einfaches und herzhaftes Gericht, das verschiedenste Geschmäcker transportieren kann. Dafür werden die nicht ganz fertig gekochten Kartoffeln schonungslos zerquetscht und anschließend mit aromatisiertem Öl im Ofen knusprig gebacken. Weil in meiner Variante das Knoblauch-Aroma so intensiv daherkommt, gibt es als Gegengewicht einen leichten Joghurt-Dip mit Zitronenabrieb und Petersilie.

Man könnte die Kartoffeln als Geschmacksfreunde zu Schmorbraten oder Räuchertofu servieren, ich bevorzuge das Fingerfood aber als Hauptgericht. Danach leckt man garantiert den Teller und die Hände ab.

So macht man Smashed Potatoes mit Knoblauchöl und Zitronenjoghurt

Den Ofen auf 200 Grad Ober-/Unterhitze oder 180 Grad Umluft vorheizen und die ungeschälten Kartoffeln für gute zehn Minuten in kochendem Salzwasser garen. Sie sind fertig, wenn man fast widerstandslos ein Schälmesser in sie hineinstechen kann.

Die Garzeit nutzt man, um den Knoblauch zu hacken und für zwei bis drei Minuten in einem See aus Olivenöl anzubraten. Wenn er anfängt, leicht golden auszusehen, sofort die Hitze abstellen und das Öl durch ein Metallsieb in eine Schale gießen. Wer kein Sieb hat, hört 30 Sekunden früher mit dem Braten auf und sammelt den Knoblauch mit einem Löffel aus dem Öl. Wichtig: Er darf nicht verbrennen, weil er sonst bitter schmeckt. Den aufgefangenen Knoblauch und das aromatisierte Öl getrennt zur Seite stellen.

Nach etwa zehn Minuten Kochzeit können jetzt die Kartoffeln abgegossen werden. Vor dem Weiterverarbeiten noch zwei Minuten warten, damit der heiße Dampf verfliegt und man sich nicht die Finger verbrennt.

Nun beginnt der spaßige Teil: Die Kartoffeln werden – mit etwas Abstand – auf einem oder zwei Backblechen verteilt und gequetscht. Wer keinen Kartoffelstampfer besitzt, greift am besten zu einem Marmeladenglas (vom langstieligen Weinglas rate ich ab). Hauptsache, man entdeckt sein inneres Kind wieder und hat Spaß an der Sache!

Die Kartoffeln sollten so stark zerdrückt werden, dass sie noch etwa einen bis eineinhalb Zentimeter hoch sind. Bei zu viel Druck zerfallen sie etwas, was geschmacklich keinen Unterschied macht. Am besten sieht es jedoch aus, wenn die Exemplare zerstampft werden, aber trotzdem zusammenhängend bleiben. Mehligkochende Kartoffeln lassen sich im Übrigen besser zerquetschen als festkochende. Das kennen wir vom Gnocchi-Rezept.

Jetzt das aromatisierte Öl auf den Kartoffeln verteilen, dabei nicht sparsam sein. Ist alles verteilt, noch einmal kräftig salzen und das Blech ins Backrohr schieben – für etwa 25 bis 40 Minuten, je nach Bräunungs-Präferenz und Ofen.

Während die Kartoffeln vor sich hin knuspern, kann man in Ruhe den Dip anrühren. Dafür einfach Joghurt und Frischkäse miteinander vermengen. Außerdem die Petersilie waschen, hacken und schließlich den Großteil davon zur Joghurt-Frischkäse-Mischung geben. Einen kleinen Rest als Garnitur aufbewahren. Die Zitrone ebenfalls kurz waschen und abtrocknen, anschließend vorsichtig die Zeste abreiben. Wir wollen nur den gelben Teil der Schale, nicht den weißen – der ist bitter. Wer keine Reibe hat, schält die Zitrone vorsichtig mit einem scharfen Messer und hackt die Abschnitte anschließend fein. Auch die Zeste kommt in den Dip.

Alles verrühren und nach Geschmack mit Salz und Pfeffer abstimmen. Veganer können den Frischkäse weglassen und Sojajoghurt verwenden. In dem Fall empfiehlt sich aber noch eine Prise Zucker als Gegengewicht zur Säure des Joghurts und der Zitrone.

Nach 20 Minuten lohnt sich ein prüfender Blick in den Ofen. Wie sehen die Kartoffeln aus? Ich bevorzuge sie eher goldbraun als goldgelb – weil sie dann beim Reinbeißen schön crunchy sind. Ist dem nicht so, kommen sie noch einmal für 10 bis 20 Minuten zurück in den Ofen.

Wer zu früh aufgibt, verpasst etwas! Vorsicht: Bei dicken Blechen müssen die Kartoffeln nach der Hälfte der Zeit gewendet werden. Überprüfe also zwischendurch die Unterseite, um sicherzugehen.

Hast du das Gefühl, dass alles kross und lecker aussieht, darf angerichtet werden. Figurbewusste legen die knusprigen Kartoffeln zuerst auf ein Küchentuch, um das überschüssige Fett aufzufangen. Alle anderen verteilen sie direkt auf einem Teller, geben den vorhin gesicherten Knoblauch und die restliche Petersilie darüber und stellen den Dip dazu. Vielleicht noch eine Prise Salz und Pfeffer? Ansonsten sofort kräftig reinhauen!

Das Grundrezept kann man wieder beliebig variieren. Wichtig ist nur, keine Kräuter, Zwiebeln oder Knoblauch mit in den Ofen zu geben – sie können leicht verbrennen. Zum Aromatisieren des Öls eignen sich zum Beispiel auch gehackter Rosmarin, Oliven oder getrocknete Tomate hervorragend. Der Joghurt kann statt mit der Zitrone mit Sriracha, Lauchzwiebel, Harissa oder Pesto aufgepeppt werden. Oder man ersetzt ihn komplett durch Sour Cream mit Schnittlauch.

Wer die Kartoffeln als Beilage für eine Party, ein Date oder ein Familienfest vorbereiten möchte, kann alle Schritte bis auf das Backen schon am Vortag erledigen. Dann braucht man sie nur noch in den Ofen zu schieben.

SELBST GEMACHTE CHINESISCHE SCHERENNUDELN

Was kostet das?

Pro Portion nur 90 Cent.

Wie lange dauert das?

Etwa 45 Minuten, aber nur, weil der Nudelteig 20 Minuten ruhen muss.

Das braucht man für zwei Portionen

Für die Nudeln:

- 300 g Weizenmehl (Typ 405, das günstige)
- 150 ml Wasser
- eine große Prise Salz

Für die Soße:

- 6 – 10 Lauchzwiebeln
- 50 – 75 ml Sojasoße (je nach Marke, Salzigkeit und persönlichem Geschmack)
- 1 – 2 EL Zucker
- Öl zum Braten

> Das Basisrezept kann beliebig um weiteres Gemüse erweitert werden, zum Beispiel knackige grüne Bohnen, Möhrenstreifen oder Brokkoli. Alternativ können die Nudeln auch als improvisierte Einlage für die Ramen-Brühe auf Seite 50 genutzt werden. Einfach flach ausrollen und mit einem Messer oder Pizzaschneider in lange Streifen schneiden.

Nudeln selbst machen, das ist etwas, was nur die großen Küchengötter beherrschen. Eine Art Summa-cum-laude-Abschlusszeugnis der Gastro-Universität. Kompliziertes Hexenwerk. Dachte ich zumindest viele Jahre lang, und traute mich entsprechend gar nicht erst ran. Der Klimbim mit der Pastamaschine, das immerwährende Ausrollen und Falten, die »Das-muss-genau-so-gemacht-werden«-Attitüde der Italiener. All das wirkte auf mich nicht besonders spaßig.

Küchenhistorisch bewanderte Zeitgenossinnen wissen aber natürlich, dass Nudeln gar nicht in Italien, sondern in China erfunden wurden. Aus der nordchinesischen Provinz Shanxi kommt eine Methode, die selbst deutschen Nudel-Dullis wie mir gelingt: mit der Schere geschnittene Nudeln. Sie sind etwas bissfester als italienische Eiernudeln und machen sich dadurch hervorragend als Träger kräftiger Aromen.

Dazu gibt es deshalb eine Soße, die so ähnlich an Streetfood-Ständen in vielen ostasiatischen Städten verkauft wird, mit angebratenen Lauchzwiebeln und gesüßter Sojasoße. Beides ist nicht nur einfach, sondern auch ultragünstig und durch den Umami-Geschmack zutiefst befriedigend. Perfekt für »Kochen ohne Kohle« also – besonders am Ende des Monats, wenn die eine oder andere Pizzabestellung der vergangenen Wochen mal wieder ein Loch ins Portemonnaie gebrannt hat.

So macht man Scheren-Nudeln selbst

Das Mehl mit dem Salz vermengen und anschließend das Wasser zugeben. Zuerst mit einer Gabel verrühren – das klebt weniger. Dann mit den Händen etwa fünf Minuten gut durchkneten, bis ein glatter, fester Teig entstanden ist, in dem keine Mehlklümpchen mehr zu sehen sind. Man kann das Kneten auch der Küchenmaschine überlassen, dann entgeht einem aber das erhabene Gefühl, jahrtausendealte Traditionen aufleben zu lassen. Den Teig nun zu einer Kugel formen und unter einer Müslischüssel (oder Frischhaltefolie, Umweltsau!) für mindestens 20 Minuten ruhen lassen. Länger geht immer, wenn man die Nudeln etwa am Abend zuvor vorbereiten möchte. Dann den Teig einfach in den Kühlschrank legen.

Jetzt die Lauchzwiebeln putzen, waschen und an der Grenze von Grün und Weiß halbieren. Die Hälften in Stücke von jeweils etwa der Länge und Breite eines kleinen Fingers schneiden und nach Farbe sortiert auf zwei getrennten Häufchen aufbewahren.

In einer Pfanne ein geschmackloses Öl, zum Beispiel Rapsöl, erhitzen und die weißen Teile der Lauchzwiebel für fünf bis zehn Minuten bei mittlerer Hitze recht dunkel anbraten. Dann die grünen Teile dazugeben und weitere fünf Minuten braten. Regelmäßig durchrühren! Sind die Zwiebeln genug angebräunt, den Zucker und die Sojasoße dazugeben, alles für wenige Sekunden aufkochen und dann die Pfanne vom Herd nehmen.

Einen Topf mit Wasser zum Kochen bringen. Gesalzen werden muss es nicht, weil die Soße genug Salz enthält. Die Teigkugel in die Hand nehmen und mit einer Schere Stückchen vom Rand abschneiden. Dazu einfach die Kugel nach dem ersten Schnitt ein paar Zentimeter im Uhrzeigersinn rotieren und wieder ein Stück von der entstandenen Kante schneiden.

Man kann mittelgroße bis sehr kleine Nudeln machen, es sollten nur alle Stücke etwa gleich groß sein, damit sie gleichzeitig gar werden. Ich empfehle kleinere Nudeln (etwa 2 cm Länge), weil sie beim Kochen noch aufgehen.

Wie geht das genau? Auf meiner Instagram-Seite @BastiMaas kannst du den Schneideprozess in Bewegung sehen.

Ist der Teigball komplett zersäbelt? Gut! Nun alle Scheren-Nudeln auf einmal ins kochende Wasser geben und kurz rühren, damit sie nicht aneinanderkleben. Wenn alle Nudeln an der Oberfläche treiben noch 30 Sekunden warten und dann abgießen.

Jetzt die Nudeln in die Pfanne zur warmen Soße geben, ein paar Mal durchschwenken und servieren. Ich wünsche guten Appetit!

FREIHEITS-FOCACCIA MIT TOMATEN UND OLIVEN

Was kostet das?

Wenn man Oliven und Olivenöl im Discounter kauft, bleibt man bei unter einem Euro pro Focaccia. Als Beilage zum Grillen reichen die beiden Brote locker für vier bis sechs Personen.

Wie lange dauert das?

12 bis 24 Stunden – wie es in deinen Kalender passt. Einfach am Abend vor einer Feier den Teig vorbereiten und im Kühlschrank warten lassen.

Das braucht man für zwei Focacce

Für den Teig:
- 500 g Mehl (am besten Weizen, Typ 405 oder 550)
- 1 Tütchen (7 g) Trockenhefe oder ein halber Würfel Frischhefe
- 2 gestrichene TL Salz
- 450 ml kaltes Wasser
- 80 – 100 ml Olivenöl

Als Toppings zum Beispiel:
- 1 Handvoll Oliven
- 1 Handvoll Kirschtomaten
- etwas Thymian
- Salz, Olivenöl

Wo ist eigentlich die Zeit geblieben? Da sitzt man kurz mal 15 Monate allein in seinem Wohnzimmer, und plötzlich hat wirklich jeder Ideen, was man bei dem Sonnenschein draußen alles anstellen könnte. Aus depressiver Verstimmung und FOMO (»Fear of missing out«, also der Angst, etwas zu verpassen) wurde bei mir im zweiten Corona-Sommer so rasant Freizeitstress, dass mir vor Schreck regelmäßig der Schnelltest aus der Nase fällt.

Nun ja, sei's drum. Ich habe mich lang und breit über die staatlich auferlegte Einsamkeit beschwert. Nun muss ich auch rausgehen, das Pflaster auf meinem Oberarm feiern, Menschen treffen und die Freiheit genießen. Beim Grillabend zum Beispiel.

Während andere Nackensteak mit Gewürzketchup oder angesengte Grillfackeln favorisieren, hätte ich persönlich kein Problem damit, einfach eineinhalb Kräuterbaguettes mit Sour Cream zu verdrücken. Wenn es neben mir aber auch Gäste zu verköstigen gilt, will mein ausgehungertes Ego etwas auftischen, für das mich noch Tage später alle loben. Fluffiges und zugleich knuspriges Focaccia-Brot zum Beispiel.

Das Rezept dauert zwar etwas – man muss schon am Tag vorher mit der Vorbereitung beginnen – dafür ist es günstig und unkompliziert. Man braucht nicht mal ein Handrührgerät, sondern bloß eine Gabel. Gratis hinzu kommt der erotische Moment, wenn man vor dem Backen mit den Fingern in den Teig gleitet und leise »Daaaaamn« flüstert.

So macht man selbst Focaccia

Zuerst das Mehl und 400 Milliliter des kalten Wassers in einer Rührschüssel für zwei bis drei Minuten mit der Gabel verrühren. Gerade so lange mixen, bis keine Klümpchen und kein trockenes Mehl mehr zu sehen sind, dann aufhören und eine Stunde abgedeckt stehen lassen. Dann passiert die Autolyse. Die ist nicht nur super, um beim Scrabble das Y loszuwerden, sondern sorgt auch dafür, dass sich Feuchtigkeit und Proteine im Mehl besser verbinden. Das Ergebnis: Das Brot bekommt eine knackigere Kruste und schmeckt besser.

Nach etwa 60 Minuten das Salz in den restlichen 50 Millilitern Wasser auflösen und in den Teig rühren.

Danach erst die Trockenhefe einrühren. Wer mit Frischhefe arbeitet, muss diese ebenfalls mit Wasser anrühren – und dementsprechend vorher etwas weniger Wasser zugeben.

Ein bis zwei Esslöffel Öl auf die Oberfläche geben und abdecken. Den Teig kannst du einfach über Nacht in den Kühlschrank stellen und derweil über Small-Talk-Themen nachdenken, die man morgen bei der Party aufbringen könnte. Neu entdeckte Corona-Hobbys? Die Freuden des gepflegten Spaziergangs? Notfalls irgendwas mit Fußball?

Am nächsten Tag ist der Teig fertig zur Verarbeitung. Es ist egal, ob man ihn nach 12, 16 oder 24 Stunden aus dem Kühlschrank holt, er ist sehr unkompliziert. Wichtig ist nur: Er sollte jetzt anständige Blasen werfen und sich vergrößert haben. Sonst ist etwas schiefgelaufen.

Man kann Focaccia einfach auf einem Blech zubereiten oder in Backformen. Ich empfehle die zweite Variante: Damit behält der weiche Teig etwas mehr Form und wächst nach oben statt in die Breite.

Zwei Backformen mit der Hälfte des Olivenöls einreiben, damit das Brot später nicht klebt und unten etwas frittiert wird. Wer sich Probleme beim Herauslösen aus der Form sparen möchte, kann sie auch mit Backpapier auslegen. Der vielleicht beste Küchenhack, den ich je von Jamie Oliver gelernt habe, hilft dabei: einfach das Backpapier zusammenknüllen, kurz unter Wasser halten und dann ausdrücken. Ta-daa, nun hat man super elastisches Backpapier gezaubert, das sich an jede Form anpasst.

Den Teig gleichmäßig auf die beiden Formen aufteilen – möglichst, ohne die Luftblasen herauszudrücken – und ihn noch mal eine Stunde ruhen lassen. Wenn er dann wieder Blasen an der Oberfläche wirft, mit den Fingern zart in den Teig drücken und so Mulden erzeugen.

In diese Mulden kann man nun die Toppings und das restliche Olivenöl geben. Dabei muss man nicht sparsam sein, die Fettaugen sollen uns verführerisch zuzwinkern. Das ist heute schließlich kein Fitness-Essen! Zum Schluss noch einmal eine Prise grobes Salz und Thymian darüberstreuen.

Das Ganze nun bei 200 Grad (Ober-/Unterhitze) im vorgeheizten Ofen etwa 20 bis 30 Minuten bis zum gewünschten Bräunungsgrad backen.

Bei den Toppings kann man sich natürlich austoben. Möglich wäre zum Beispiel auch, das Brot nach der Hälfte der Zeit aus dem Ofen zu holen, wie eine Pizza zu belegen und dann fertig zu backen. Auch sämtliche Pestos passen hervorragend darauf, im Herbst könnte man Pilze oder dünn geschnittenen Kürbis mitbacken. Wer gemeinsam mit Kindern kocht, kann bunte Bilder aus Gemüse auf die Brote malen.

Wie du dich auch entscheidest – ich wünsche einen guten Appetit! Und gute Gespräche beim Grillen mit Freunden und Familie.

LANGSCHLÄFER-PASTA MIT WODKASOSSE

Was kostet das?

Rund einen Euro pro Person für die Basisversion, 1,50 Euro für die mit Parmesan und frischem Basilikum.

Wie lange dauert das?

Etwa 15 Minuten.

Das benötigt man für zwei Personen

- 300 g Pasta (bevorzugt Penne, weil die Röhrchen viel Soße aufnehmen)
- 150 g Tomatenmark
- 100 ml Sahne
- 2 cl Wodka
- 1 Zehe Knoblauch
- 1 Schalotte oder kleine Zwiebel
- etwas Öl, Salz und Pfeffer
- optional: 1 TL Chiliflocken, Parmesan, Basilikum

Das Interview mit einer spannenden Protagonistin, das Gespräch mit meiner Bank oder den Geburtstag meiner Mutter: Eine meiner größten Ängste ist es, einen wichtigen Termin einfach zu verschlafen. Es wäre nicht das erste Mal. In der Uni habe ich es einmal geschafft, nach einer Büffel-Nachtschicht ein Seminar um 14 Uhr zu verpennen, in dem ich ein einstündiges Referat als

Prüfungsleistung halten sollte. Die Entschuldigung beim Dozenten hat sich ganz oben in meine mentale Scham-Bibliothek einsortiert.

Auch beim Gericht in dieser Kolumne habe ich, irgendwie, den Trend verschlafen. Nicht nur, weil die kulinarische Welt schon seit mehr als 40 Jahren darüber streitet, wer das Rezept erfunden hat. Sondern auch, weil das einfache Pasta-Gericht 2020 nach einem viralen Video des Supermodels Gigi Hadid in fast jedem Rezepteblog geteilt wurde. Und ich? Hab's verpennt. Bis jetzt, zumindest.

Doch heute brauche ich etwas, das mich wieder auf die Beine bringt. Ein Phänomen, das ich mir als Student nämlich niemals hätte vorstellen können, ist der mehr als zwei Tage andauernde Kater nicht mehr ganz taufrischer Menschen. Der Kater, den man jenseits der 30 nach einer Party am Samstag auch montags noch immer in den Knochen stecken hat. Da ich gerade von einem Junggesellenabschied zurückkomme, kann ich jede Hilfe gegen dieses Leiden brauchen. Sonst verpenne ich es sogar noch, diese Kolumne zu schreiben.

Penne (haha, verstehst du?) mit Wodkasoße sind für solche Fälle ideal: Erstens ist die cremige Soße auch im Halbschlaf einfach gemacht. Zweitens wird kaum frisches Gemüse benötigt – die Chancen sind also hoch, alle Zutaten im Schrank zu finden. Und drittens wird dieser Pasta nachgesagt, die weltbeste Katermedizin zu sein.

Es ist, gewissermaßen, eine »Bloody Mary« zum Essen. Nach Alkohol schmeckt sie aber nicht, keine Sorge. Der Wodka dient hier lediglich als Geschmacksverstärker und Emulgator, um die Sahne und Tomaten richtig miteinander zu verbinden.

So einfach macht man Pasta mit Wodkasoße

Die Schalotte und den Knoblauch fein hacken und mit etwas Öl in einem Topf für eine Minute anschwitzen. Das Tomatenmark hinzugeben und für weitere zwei bis drei Minuten unter Rühren anbraten. Am Boden des Topfes darf es gern etwas dunkel werden, die Röstaromen geben der Soße später mehr Wumms. Wer mag, gibt nun auch die Chiliflocken hinzu.

> Wer keine Lust auf Nudeln hat, kann diese Soße auch super als Ergänzung zu den »Grilled Cheese«-Sandwiches auf Seite 40 servieren.

Bevor das Tomatenmark ganz anbrennt, schnell den Wodka und die Sahne zugeben und alles gut verrühren. Auf kleiner Flamme für etwa zehn Minuten köcheln lassen. Gelegentlich umrühren.

Derweil einen Topf voll Salzwasser zum Kochen bringen und die Pasta nach Packungsanleitung al dente garen. Beim Abgießen einen Becher voll Kochwasser auffangen. Das stärkehaltige Wasser eignet sich nicht nur zum Haarewaschen, sondern auch zum Verfeinern der meisten Pasta-Soßen.

Die eingekochte Tomatencreme löffelweise mit dem Kochwasser verdünnen, bis eine seidig glatte Textur entsteht. Wer hat, reibt nun etwas Parmesankäse und rührt ihn in die Soße. Erst dann eventuell nachsalzen – aber vorsichtig, da Käse und Nudelwasser bereits viel Salz mitbringen.

Die Nudeln und Soße gründlich im Topf vermengen und sofort servieren. Nach Belieben mit etwas gehacktem Basilikum, mehr Parmesan oder Pfeffer bestreuen.

Nun ab auf die Couch legen und nicht mehr bewegen, bis die magische Pasta ihre Anti-Kater-Wirkung entfalten kann. Wenn das noch nicht reicht, passt dazu ein ausgedehntes Nickerchen. Guten Appetit (und gute Besserung)!

SCHNELLER UMAMI-BRATREIS MIT GEMÜSE

Was kostet das?
Etwas weniger als einen Euro pro Person.

Wie lange dauert das?
10 bis 15 Minuten.

Das benötigt man für zwei Personen

- 2 Becher gekochten Reis (vom Vortag)
- 1 kleine Karotte
- 1 Handvoll gefrorene Erbsen
- 1 kleine Zwiebel oder Schalotte
- 1–2 Zehen Knoblauch
- 4 EL Soja- und/oder Austernsoße
- 2 Eier
- Öl oder Margarine zum Braten
- optionaler Bonus: eine Lauchzwiebel, Sriracha und etwas Sesam

Manchmal vergesse ich, wie groß das Publikum ist, für das ich beim SPIEGEL schreiben darf. Nachdem ich in meiner Kolumne mal peinlich berührt eingestehen musste, dass ich keinen anständigen Reis kochen kann, bekam ich mehrere Hundert E-Mails von Leserinnen und Lesern,

die mir ihre Tipps für den perfekten Reis verrieten. Ich habe mir vorgenommen, alle auszuprobieren. Bis das geschafft ist, wird aber noch einige Zeit vergehen. Das Großartige daran: Nach dem Reis ist vor dem Reis. Denn am Tag nach jedem Reisexperiment gibt es Bratreis!

Möchte man guten Bratreis selbst machen, gibt es nur eine wichtige Regel: Die Grundlage, also der gekochte Reis, sollte mindestens einen Tag alt sein. Besser noch zwei, denn erst wenn er nach dem Kochen richtig durchgetrocknet ist, wird der Reis in der Pfanne knusprig – ansonsten bloß matschig. Beim nächsten Reisgericht also einfach die doppelte Menge kochen und Reste nicht ganz abgedeckt in der Küche stehen lassen, dann darf man sich schon auf morgen freuen. Geschälte Sorten eignen sich dafür besser als Wildreis.

Das Gericht ist prima, um auch andere Reste aufzubrauchen, und kann mit fast jeder Art von Gemüse, Fleisch(ersatz) und Fisch aufgepeppt werden. Pilze, angebrochener Tofu oder Wurstabschnitte? Rein damit. Für eine der klassischen Varianten nimmt man einfach Karotte, Zwiebel, Knoblauch und gefrorene Erbsen. In Restaurants wird häufig auch mit Zwiebel- sowie Knoblauchpulver und Glutamat gearbeitet. Wer das zu Hause hat (ob direkt als Pulver oder indirekt als Maggi-Würze), kann damit ebenfalls nachwürzen.

So einfach macht man Bratreis

Die Zwiebel und Karotte fein hacken und in etwas Öl für zwei Minuten in der Pfanne anschwitzen. Dann den Knoblauch hacken, dazugeben und für weitere zwei Minuten anschwitzen.

Den vorgekochten und ausgetrockneten Reis mit den Händen auflockern und gemeinsam mit den gefrorenen Erbsen in die Pfanne geben. Für fünf Minuten anbraten und ein paarmal rühren.

Dann den Reis auf eine Seite der Pfanne schieben. Auf der anderen Hälfte die beiden Eier mit dem Pfannenwender oder Stäbchen verquirlen und kurz anbraten – es soll wie Rührei aussehen. Während das Ei gart, den Reis nicht mehr anfassen, damit er auf der Unterseite eine leichte Bratkruste bekommt.

Nach weiteren drei Minuten die Hitze abstellen und die Soja- sowie ggf. Austernsoße an den Reis geben. Austernsoße hört sich für Küchen-Neulinge vielleicht eklig an, wer schon mal chinesisches oder südostasiatisches Essen bestellt hat, wird sie aber unwissentlich schon gegessen haben. Sie ist eine Geschmacksbombe, bringt herrlich viel Umami (den herzhaften fünften Geschmack, den man auch bei Bratensoße so liebt), und mit einer Flasche aus der Discounter-Themenwoche kommt man als Gelegenheitskocher ein halbes Jahr aus. Im Fachgeschäft gibt es sie auch in vegetarischer Version.

Zum Schluss das Ei und den Reis verrühren und sofort servieren. Wie bei fast allen südostasiatischen Gerichten in diesem Buch gilt: Gehacktes Lauchzwiebelgrün, gerösteter Sesam oder Chilisoße machen über den Teller verteilt optisch und geschmacklich alles aufregender – sind aber komplett optional.

FÜNFMAL ÜBERNACHTENDE HAFERFLOCKEN

Was kostet das?
Das Grundrezept etwa 25 Cent, inklusive der Toppings maximal 90 Cent pro Portion.

Wie lange dauert das?
Keine fünf Minuten Arbeit, danach über Nacht im Kühlschrank stehen lassen.

Das benötigt man für eine Portion
- 50 g Haferflocken (fein, grob oder gemischt)
- 100 ml Milch oder Pflanzendrink
- Süße nach Belieben, zum Beispiel etwas Honig oder Ahornsirup
- verschiedene Toppings (siehe unten)

Für viele Erstsemester ist der Wechsel an die Uni mit jeder Menge Stress verbunden. Sie verlieren ihr soziales Umfeld, müssen sich in einer neuen Stadt zurechtfinden, den bürokratischen Irrsinn der Hochschule durchsteigen, für lächerlich viele Prüfungen lernen und nebenbei noch einen eigenen Haushalt schmeißen. Durch wenig Geld und noch weniger Ahnung vom Kochen landeten bei mir in dieser Zeit vor allem Toast und Instant Ramen als Stressfutter auf dem Teller. Je nachdem, wie spät ich wach wurde. Die Quittung dafür sah ich kurz darauf auf der Waage.

In den USA wird dieses Phänomen lapidar »Freshman 15« genannt. »Freshmen« heißen dort die Erstis, 15 Pfund nimmt man durch das viele Futtern angeblich im ersten Jahr an der Uni zu. In Australien ist man noch gehässiger, dort spricht man von den »First Year Fatties«.

»Egal«, könnte man denken, wenn man die Diskussion um Selbstliebe der vergangenen Jahre verfolgt hat. Ich

halte Body Positivity für eine großartige Sache. Aber schlechte, unausgewogene Ernährung stört leider selbst bei der radikalsten Selbstakzeptanz die Konzentration. Sich wegen einer Weißbrot-Diät durchgehend schlapp zu fühlen, ist keine feine Sache.

Ein gesundes und ausgewogenes Frühstück kann helfen. Vollwertkost – ein Oberbegriff für unverarbeitete Lebensmittel – macht nämlich nicht nur länger satt als Fertignahrung, sondern steigert Studien zufolge auch die Lernfähigkeit und Aufmerksamkeit.[8] Schlauer wird man dadurch nicht automatisch, aber zumindest steigen die Chancen, dass man nach einer Büffel-Nachtschicht nicht gleich wieder alles vergisst.

Wo ich gerade bei der Nachtschicht bin: Ein einfaches Vollwert-Rezept sind »Overnight Oats« – ein neudeutscher Name für Müsli, das über Nacht einweicht. Eine niedliche Vorstellung: Man selbst macht durch, und das Frühstück übernachtet im Kühlschrank. Im ausgewaschenen Marmeladen-Schraubglas lässt es sich auch perfekt für die Mitnahme in den Hörsaal vorbereiten. Sofern man in diesem Semester wieder reindarf.

Da die Zubereitung so einfach ist, gibt es gleich fünf Rezeptvorschläge für die ganze Woche. Auf Kristallzucker wird dabei verzichtet. Stattdessen lieber mit natürlichen Mitteln süßen, etwa Honig, Ahornsirup oder Agavendicksaft. Als Toppings eignen sich vor allem Nüsse, Saaten und Früchte. Gefrorenes Obst ist super, weil es günstig und meist nicht mit zusätzlichem Zucker versetzt ist. Im Kühlschrank taut es über Nacht sanft auf.

So einfach macht man Overnight Oats

Die Haferflocken mit der Flüssigkeit verrühren. Anschließend die Toppings der Wahl dazugeben (oder einrühren) und alles über Nacht im Kühlschrank auf seinen Einsatz warten lassen. Am besten eignen sich dafür verschließbare Gläser, damit die Oberfläche nicht austrocknet.

Montag:
Kokoschips und Heidelbeere

- Das Grundrezept
- 2–3 EL Heidelbeeren (frische oder gefrorene)
- 1 EL Kokosraspel oder 2 EL Kokoschips

Dienstag:
Kakao und Haselnuss-Splitter

- Das Grundrezept
- 1 TL Back-Kakao ohne Zucker
- 2 EL gehackte Haselnüsse
- etwas Honig

Mittwoch: Apfel-Zimt und Datteln

- Das Grundrezept
- ½ Apfel, in kleine Würfel gehackt
- 4–5 getrocknete Datteln, klein geschnitten
- etwas Zitronensaft, um die Bräunung des Apfels zu verhindern
- Zimt nach Geschmack – ich nehme einen halben gestrichenen TL

Donnerstag: Banane und Erdnussbutter

- Das Grundrezept
- ½ Banane in Scheiben
- 1 EL Erdnussbutter (gehäuft)

Freitag: Stracciatella-Quark und Kirschen

- Das Grundrezept
- 1 EL Magerquark
- 1 EL gehackte Zartbitterschokolade
- 2–3 EL gefrorene Kirschen

SPARTIPP: WELCHES KÜCHENZUBEHÖR BRAUCHE ICH WIRKLICH?

Wenn man gerne kocht, gibt es viele Wege, schnell sein Geld auszugeben. Neben exotischen Zutaten geht dabei vor allem die Küchenausstattung schnell an die Ersparnisse. Dafür muss man sich nicht mal die teuren Allroundgeräte irgendwelcher Tech-Sekten kaufen: Die Werbung schafft es auch so, einem wirklich jedes Zubehör als DAS Nonplusultra anzudrehen, ohne das man nicht mehr leben kann. Vom V-Hobel über die Saftpresse bis zum Pizzastein – wenn man Geld sparen muss oder möchte, kann auf das meiste davon erst einmal gut verzichten.

Was man wirklich braucht:

Ein scharfes Messer mit einer mindestens 20 cm langen Klinge reicht, um von Gemüse über Fleisch bis Brot alles klein zu bekommen. Schön ist aber, wenn man noch **ein kleines Schälmesser** in der Besteckschublade hat.

Eine Pfanne, idealerweise beschichtet. Profis nehmen zwar eine gusseiserne, auf der muss man aber zunächst in mehreren Arbeitsschritten eine Patina aufbauen. Als Anfänger ist das herausfordernd, und wenn man keine Ahnung hat, rostet das gute Stück bei schlechter Behandlung schon nach zwei Wochen. Wer eine ofenfeste Pfanne ohne Plastikgriff kauft, kann darin auch Dinge überbacken. Pluspunkte gibt es für einen Deckel.

Es gibt eine schier erschlagende Menge an Töpfen, für Soßen, Milch, Spargel, Suppen, Fleisch … Das impliziert zwar, dass man ohne solches Gerät die benannten Gerichte nicht kochen kann, ist aber Unsinn. In einem kleinen Haushalt reichen normalerweise **zwei Töpfe, einer groß (5 – 6 l) und einer klein (2 – 3 l)**, aus Edelstahl oder Emaille. Man muss mit weniger Töpfen nur etwas besser planen, wann welcher Teil eines Gerichts zubereitet wird.

Unerlässlich sind je eine Kelle, ein Kochlöffel (in einer WG ist es mit Plastik meist hygienischer), **ein Pfannenwender, eine Bratzange** (die nicht die Pfanne zerkratzt) und **ein Schneebesen.**

Ein Sparschäler und **ein Dosenöffner** sind ebenfalls unverzichtbar. Mit dem Sparschäler kann man auch nette Gemüsestreifen für Salate machen.

Eine mittelgroße Backform aus Emaille oder Glas reicht bei mir, um Ofengemüse, Aufläufe oder (mit eingelegtem Backpapier) sogar Brote und Kuchen zu backen.

Eine große **Rührschüssel** taugt auch als Salatschüssel – oder umgekehrt. Im Notfall kann man dafür aber auch in den großen Topf nehmen.

Mit einer klassischen und günstigen **Vierkantreibe** bekommt man fast alle Gemüsesorten klein und spart sich somit zum Beispiel die Knoblauchpresse, den teureren Spezialhobel, die Muskatreibe oder den Zestenreißer. Vorsicht mit den Fingern!

Ohne **Waage und Messbecher** schmeckt es niemals so, wie das Rezept behauptet.

Zwei Schneidebretter sollte man haben. Eins aus Holz (für Brot, Obst und Gemüse) und eins aus Kunststoff (für Fisch, Fleisch, Zwiebeln und Knoblauch). Wenn man ein feuchtes Handtuch drunterlegt, rutscht auch ein billiges Brett ohne Gummifüße nicht.

Das vielleicht unterwartetste Werkzeug, auf das ich nicht verzichten kann, gibt es regelmäßig als Werbegeschenk an Rumflaschen: **einen Barstößel.** Damit stampfe ich nicht nur Limetten, sondern auch Kartoffeln (z. B. für Gnocchi, siehe Seite 149) und Guacamole. Mit dem Stiel klopfe ich Zitronengras und Eiswürfel klein.

Sehr nützlich, aber nicht überlebenswichtig:

Ein **Handrührgerät** erleichtert einem das Leben, vor allem, wenn es auch mit Knethaken kommt. Das Backen des eigenen Brots wird dadurch deutlich einfacher, wodurch man schon nach kurzer Zeit viel Geld sparen kann.

Standmixer sind zwar großartig, aber eigentlich nur, wenn man bereit ist, viel Geld auszugeben – denn billige Modelle gehen schnell kaputt. Außerdem nehmen sie viel Platz weg. Wenn man sich entscheiden muss, ist ein **Pürierstab** meist die günstigere Wahl. Suppen, Soßen, Smoothies und Dips bekommt man damit auch problemlos hin.

Ein Sieb ist super, sobald man etwas gehobenere Kochprojekte angeht. Am besten wählt man ein großes und recht feinmaschiges aus Stahl. Das kann man zum Abgießen von Nudeln oder Passieren von Soßen nutzen.

Besondere Anlässe, Dates und Feiertage

FESTTAGSESSEN FÜR ZWEI EURO – SO EDEL KANN ROSENKOHL SEIN

Was kostet das?

Im Discounter habe ich für alle verbrauchten Zutaten zusammen 4 Euro bezahlt, das macht 2 Euro pro Portion.

Wie lange dauert das?

Etwa eine Stunde, das meiste passiert aber im Ofen.

Das braucht man für zwei (große) Portionen

- 700 g Kartoffeln
- 700 g Rosenkohl
- 1 kleine rote Zwiebel
- 150 g gesüßte Preiselbeeren aus dem Glas
- 50 g Walnüsse
- 3–4 EL Kapern
- ein paar Zweige Rosmarin, Thymian oder Kräuter der Provence (frisch ist gut, getrocknet tut's ansonsten auch)
- etwas Essig, Öl, Salz, Pfeffer und Zucker

Weihnachten ist für viele von uns untrennbar mit Familientraditionen verknüpft. Sei es das jährliche Wiedersehen von »speziellen« Verwandten, die »hitzigen« Gespräche über die politische Lage oder, natürlich, Mamas »besonderer« Nachtisch. Seit Corona ist das anders. Ich selbst bin noch nicht sicher, ob ich Weihnachten so feiern kann, wie ich es gern hätte, also gemeinsam mit meiner Familie. Viele stehen vor demselben Problem, und damit vor einer ganz besonderen Hürde: Zum vielleicht ersten Mal müssen sie an Heiligabend für sich selbst kochen.

Mit dem Rezept dieser Woche bekommen auch Anfängerinnen und Anfänger ein günstiges, leichtes und dennoch angemessen dekadentes Weihnachtsessen hin. Dafür schiebe ich Rosenkohl und Rosmarinkartoffeln in den Ofen, mixe eine supereinfache Preiselbeeren-Zwiebel-Marmelade und garniere alles mit frittierten Kapern und Walnüssen. Wenn man niemanden zum An-

geben vor Ort hat, kann man das fertige Essen für einen Dopamin-Boost auf Instagram posten, es sieht nämlich fantastisch aus. Und es ist ein Gericht, das sich ziemlich erwachsen anfühlt – was ja gut in dieses Jahr passt, das uns alle irgendwie zur Weiterentwicklung gezwungen hat.

So macht man luxuriösen Rosenkohl im Ofen

Den Ofen auf 180 Grad vorheizen, das Blech herausnehmen und mit Backpapier auslegen. Dann den Rosenkohl putzen. Ich schneide dafür am Strunk das dunkle Ende ab und entferne zu dunkle oder verwelkte Blätter. Anschließend halbiere ich die kleinen Köpfe und lege sie für 5 Minuten in kaltes Wasser. Währenddessen die Kartoffeln schälen und in etwa einen Zentimeter dicke Scheiben schneiden. Vorsicht: Schneidet man sie deutlich dicker oder dünner, werden sie nicht gleichzeitig mit dem Rosenkohl gar. Die rohen Kartoffelscheiben von beiden Seiten mit etwas Salz, Öl und den Kräutern der Wahl (ich habe Rosmarin verwendet) einreiben und auf einer Hälfte des Backblechs verteilen.

Nun kannst du dich wieder dem Rosenkohl zuwenden: Noch einmal gründlich abspülen, damit es beim Kauen später nicht knirscht, und grob abtrocknen. Dann die halbierten Rosenköhlchen mit einem spendablen Schuss Öl sowie je einer großen Prise Salz und Pfeffer einreiben und auf der anderen Hälfte des Backblechs verteilen. Dieses auf mittlerer Schiene in den Ofen schieben und einen Wecker auf 30 Minuten stellen.

Jetzt ist die Zwiebelmarmelade dran. Dafür zuerst die rote Zwiebel in feine Streifen schneiden. Roh sind Zwiebeln scharf und beißend, darum lege ich sie für 30 Minuten süß-sauer ein. Dafür gebe ich sie mit einem Schuss Weinessig sowie je einer großen Prise Salz und Zucker in eine kleine Schale. Einmal kurz mit den Fingern durchmischen und warten.

Oder auch nicht warten, denn die Kapern wollen ja noch frittiert werden! Drei bis vier Esslöffel davon mit Küchenpapier oder Küchentuch trocken tupfen. Dann mit einem großen Schluck Öl in eine heiße Pfanne geben und diese immer wieder etwas schräg halten, damit sich Kapern und Öl am Rand sammeln und viel Kontakt haben. Sehen die kleinen Geschmacksbomben nach drei bis fünf Minuten knusprig aus, kann man die Pfanne zur Seite stellen.

Vorsicht: Weil die Kapern im Inneren sehr feucht sind, wird beim Frittieren trotz des Abtrocknens etwas heißes Öl herumspritzen. Kleine Kinder sollten deshalb während des Kochens lieber nicht in der Küche herumrennen. Wobei, wer kleinen Kindern an Weihnachten ROSENKOHL mit KAPERN und ZWIEBELMARMELADE serviert, gewinnt wohl ohnehin nicht den Preis als »Elternteil des Jahres«.

Hat man schnell gearbeitet, sollten nun noch ein paar Minuten auf dem Backofen-Timer übrig sein. Ein guter Zeitpunkt, Weihnachtspflichtanrufe bei weniger geliebten Verwandten zu machen! Wenn die Uhr gleich klingelt, hat man nämlich einen Grund, wieder aufzulegen.

Sind die 30 Minuten abgelaufen, ist es an der Zeit, das Gemüse im Ofen zu wenden. Der Rosenkohl darf außen gern etwas dunkler werden, die Kartoffelscheiben hingegen nur goldbraun. Beides anschließend für weitere 10 bis 20 Minuten in den Ofen schieben.

In der Küche riecht es die ganze Zeit nach Essig, war da noch was? Ach richtig, die Zwiebelmarmelade! Die Zwiebeln einfach mit der Hand kräftig auswringen und die Flüssigkeit abgießen. Anschließend nach Geschmack mit ein paar Esslöffeln der Preiselbeeren vermengen. Ich mag es gern süß und nehme sechs bis acht große Löffel.

Alles geschafft? Dann kann angerichtet werden: Die Marmelade kommt zuerst auf den Teller, darauf wird der Rosenkohl geschichtet, daneben die Kartoffeln. Den Rosenkohl mit ein paar Walnüssen bestreuen, die Kartoffeln mit den Kapern – fertig!

WARMER WINTERSALAT MIT KNALLERBSEN, SPEKULATIUS UND CLEMENTINEN

Was kostet das?

Im Discounter zusammen bloß 3,50 Euro, also 1,75 Euro pro Person.

Wie lange dauert das?

Etwa 30 Minuten.

Das braucht man für zwei Portionen

- 400 g Kichererbsen aus der Dose
- 1 kleiner Salatkopf (z. B. Romana)
- 1 Clementine
- 1–2 Spekulatiuskekse
- 4 oder 5 Datteln (andere Trockenfrüchte wie Aprikosen oder Rosinen passen auch)
- 1 Handvoll Reis – ich nehme Wildreis
- ½ Salatgurke
- Garam-Masala-Gewürzmischung (alternativ gehen auch Zimt und Cumin, notfalls sogar Curry – dazu unten mehr)
- 4 TL Öl
- 2 TL milden Senf
- 2 TL Honig

Im Dezember überfresse ich mich. Immer. Nicht weil ich es unbedingt möchte, sondern weil ich überall und andauernd Essen geschenkt bekomme: Kekse vom Nikolaus, selbst gemachte Pralinen von der Kollegin, Trockenfrüchte von Oma und den üppigen Weihnachtsschmaus von Mama. Nach den Feiertagen bin ich standesgemäß erledigt, und der Inhalt meiner Adern fühlt sich zunehmend wie Bratensoße an. Um meinen Körper zu überraschen, gibt es zu Silvester also etwas Leichtes. Und weil ich zwei Fliegen mit einer Klappe schlagen will, brauche ich dafür eine Menge übrig gebliebener Lebensmittel aus den Weihnachtstagen auf.

Wobei, eigentlich schlage ich sogar drei Fliegen. Silvester fällt ja stiller aus als sonst, coronabedingt wurde zeitweise der Verkauf von Böllern und Pyrotechnik verboten, selbst das, was man noch im Keller liegen hat, soll man besser nicht zünden. Ich befriedige meinen infantilen Spieltrieb trotzdem: Die Knallerei findet dieses Jahr einfach in meiner Küche statt. Dazu brate ich Kichererbsen in der Pfanne an – was einige von ihnen fast wie Popcorn explodieren lässt. Winterlich gewürzt landen sie danach auf einem warmen Salat mit Reis und Clementinen. Die Krönung bilden, weil ich komplett den Verstand verloren habe, Spekulatiusbrösel.

So macht man warmen Wintersalat mit Kichererbsen

Heute arbeite ich mit »Mise en place«, wie gelernte Köche sagen. Das heißt: Ich bereite alles so weit vor, dass ich beim Kochen und Anrichten nicht gestresst werde, weil ich noch zwei Zutaten klein hacken muss, während mir parallel auf dem Herd etwas anbrennt. Bei einem Salat kann man das prima üben, weil auch ohne kaum etwas in Sachen Timing schiefgeht.

- Zuerst also einen Topf mit Wasser auf den Herd stellen und den Wunschreis darin nach Packungsangabe zubereiten. Wenn er fertig ist, abgedeckt beiseitestellen und abkühlen lassen. Lauwarm passt er am besten zu diesem Gericht.

- Derweil den Salat und die Gurke gründlich waschen und abtrocknen. Den Salat grob hacken, bei der Gurke die Kerne entfernen und den Rest grob würfeln.
- Die Trockenfrüchte in dünne Streifen schneiden, dazugeben und den Salat beiseitestellen.
- Anschließend die Clementine sauber und vorsichtig schälen, sie sollte nicht zerfallen. Wir wollen sie nämlich in Scheiben schneiden, je nach Größe der Cle-

mentine etwa acht bis zehn. Dafür braucht man ein scharfes Messer und vorsichtige Finger. Das Ergebnis sieht nach Sterneküche aus und kann ebenfalls beiseitegestellt werden.

- Für das Dressing einfach etwas Öl, Honig und Senf in ein altes Marmeladenglas geben, kräftig schütteln und ebenfalls bereitstellen.

Kicher-Knallerbsen

Kichererbsen sind ein geniales Lebensmittel, weil sie nicht nur günstig sind, sondern auch noch lange haltbar und mega vielseitig: Ich mache aus ihnen Hummus-Dips, koche mit ihnen Curry, frittiere sie zu Falafeln oder backe sie als Chipsersatz im Ofen. Sie haben viel Eiweiß und Ballaststoffe, vergleichsweise wenige Kalorien, machen satt und schmecken je nach Zubereitung dezent fleischig oder süß. Ein kulinarisches Chamäleon!

Heute landen sie aber einfach in der Pfanne. Dazu zuerst die Dose abgießen und die Hülsenfrüchte so lange unter fließendem Wasser abspülen (zum Beispiel in einem Nudelsieb), bis das Wasser nicht mehr schäumt. Dann gut abtropfen lassen oder die Erbsen trocken tupfen, damit das Öl später nicht spritzt. Eine Pfanne bei mittlerer bis großer Hitze auf den Herd stellen und die Kichererbsen mit etwas Fett hineingeben. Regelmäßig schwenken und darauf achten, dass die Erbsen nicht zu heiß werden – was man daran merkt, dass sie alle gleichzeitig explodieren und durch die Küche fliegen. Falls das passiert, lieber die Hitze runterstellen oder noch besser einen Deckel auf die Pfanne legen. Nach rund fünf Minuten und jeder Menge Bumm-Bumm sollten die Erbsen eine schöne Bräunung haben. Falls nicht, einfach noch etwas weiter braten – du weißt selbst am besten, was für dich lecker aussieht.

Nun kommen die Gewürze ins Spiel. Kichererbsen werden überall von Nordafrika über die Levante bis nach Indien (und sogar in der Karibik!) genutzt, dort aber jeweils sehr unterschiedlich gewürzt. Das bedeutet für uns, dass wir uns keine Sorgen machen müssen, etwas falsch zu machen – weil wirklich fast alles zu den kleinen Knallern passt.

Weil ich ein Feuerwerk schmecken möchte (wir Deutschen knausern so oft mit dem Geschmack, das müssen wir überwinden – #MakeFoodTasteAgain), gebe ich einen großen Esslöffel Garam Masala in die Pfanne. Das ist eine indische Gewürzmischung mit Kardamom, Zimt, Pfeffer, Kreuzkümmel und Muskatblüte. Genauso gut könnte ich nur Zimt und Kreuzkümmel nehmen oder sogar eine Currymischung. Ausprobieren und Experimentieren lohnen sich, dann muss man nicht immer dasselbe essen. Die indische Variante passt heute gut, weil wir hierzulande viele der Gewürze mit Weihnachten assoziieren. Alles durchschwenken, den Herd auf niedrige Hitze stellen und die Gewürze für einige Minuten mit anbraten. Am Ende noch einmal nach Geschmack nachsalzen.

Spartipp: Mindesthaltbarkeitsdaten

Vielleicht stehst du auch häufiger vor der Frage, ob ein okay aussehendes Lebensmittel eventuell noch essbar sein könnte, obwohl das Mindesthaltbarkeitsdatum (MHD) bereits abgelaufen ist.

Peter Loosen vom Bund für Lebensmittelrecht und Lebensmittelkunde sagte dazu schon 2017: »Das Mindesthaltbarkeitsdatum ist ganz klar kein Verfallsdatum oder Ablaufdatum.«[9] MHDs werden nämlich von der Lebensmittelindustrie selbst vergeben und haben oft keine wirkliche Aussagekraft über die Genießbarkeit, sondern vielmehr über das Aussehen, die Nährwerte und den Geruch des jeweiligen Produkts.
Wer Geld sparen möchte, verlässt sich also lieber auf sein Bauchgefühl. Schimmliges Brot oder stinkenden Fisch schmeißt man ja selbst dann weg, wenn sie laut Verpackung noch gut sein müssten. Bevor die vermeintlich abgelaufene Packung Kekse oder der Naturjoghurt zukünftig im Müll landen: erst mal probieren.

Nun kann angerichtet werden! Dafür den lauwarmen Reis auf zwei tiefe Teller oder Schüsseln aufteilen. Salat, Gurke und Trockenfrüchte kommen darauf. Anschließend verteile ich die Clementinenscheiben darüber und streue die heißen Kichererbsen hinterher. Das Dressing einfach mit einem Löffel über alles träufeln.

Jetzt fehlen nur noch die Croûtons. Spekulatius rühre ich sonst eigentlich nicht an, weswegen sie in meiner Süßigkeitenschublade meist sehr lange ein sehr trauriges Dasein fristen. Es kann sogar sein, dass die hier verwendeten noch von Weihnachten 2019 übrig sind, das Mindesthaltbarkeitsdatum schaue ich mir lieber nicht an. Stattdessen brösele ich sie grob mit der Hand (man will ja kein Puder) über den Salat und serviere.

Mit diesen Knallerbsen kann man das Jahr gut ausklingen lassen. Ich hoffe, es schmeckt, und wünsche einen guten Rutsch!

OSTERFRÜHSTÜCK ZUM EIERVERSTECKEN: GÖTTLICHE SHAKSHUKA

Was kostet das?

Ich habe alle Zutaten vor dem Kochen bei einem der bekannten Vier-Buchstaben-Discounter gekauft. Insgesamt habe ich Lebensmittel für 5,40 Euro verbraucht, das macht 2,70 Euro pro Portion.

Wie lange dauert das?

Etwa 30 Minuten.

Einkaufsliste für zwei hungrige Personen

- 800 g Dosentomaten
- 1 Chilischote
- ½ Bund Petersilie oder Koriander
- 1 Zwiebel
- 2 kleine Paprika
- 2 Zehen Knoblauch
- 4 Bio-Eier (ohne Kükenschreddern)
- je ein gestrichener TL Salz, Cumin und Paprikapulver (wenn möglich: geräuchertes)
- Öl zum Braten
- als Beilage und Besteckersatz: etwas Weiß- oder Fladenbrot

Nach einer eskalierten Party mit zwölf Freunden einige Tage lang für tot gehalten werden und dann mit viel Trara aus meiner Höhle herauskommen? Während meiner Studienzeit passierte mir das jedes Jahr auf der »Kieler Woche«, einer Art sommerlichem Oktoberfest für Menschen mit Segelschuhen. Trotzdem habe ich nicht gleich

eine Weltreligion begründet! Heute erscheint mir die Erinnerung daran dennoch unglaubwürdig – denn zwölf Freunde auf einmal habe ich dank Corona schon lange nicht mehr gesehen. Gerade deshalb fühle ich mich nach dem vergangenen Jahr seltsam verkatert. Und dagegen hilft mir damals wie heute meist eine herzhafte, bodenständige Mahlzeit.

Zur Feier von Jesus' Wiedergeburtstag (und der damit aus unerfindlichen Gründen zusammenhängenden Tradition, Eier zu verstecken) gibt es heute Shakshuka: ein komplett in der Pfanne zubereiteter Tomaten-Schmortopf mit versunkenen, pochierten Eiern. Weil wir nicht am Mittelmeer wohnen, nehme ich statt frischer Tomaten lieber welche aus der Dose. Die haben immer den perfekten Reifegrad und kosten weniger.

Shakshuka ist in den vergangenen Jahren wohl vor allem dank der israelischen Version von Starkoch Yotam Ottolenghi in aller Munde gewesen. Eigentlich brachten es nach Israel aber tunesische oder marokkanische Juden aus ihrer Heimat mit. Darauf deutet auch der Name hin: Shakshuka meint im nordafrikanischen Maghreb-Arabisch einfach »Mischung« – denn es ist ein Eintopf mit zig verschiedenen Interpretationen.

Wie so oft bei »Kochen ohne Kohle« kann man bei der Zubereitung also kaum etwas falsch machen und seiner Kreativität freien Lauf lassen. Eine halbe Packung Feta liegt noch im Kühlschrank? Rein damit! Den Rest aus der Tube Harissa vom Urlaub vor drei Jahren? Na klar! Etwas, das angeblich »vegane Chorizo« sein soll? Wenn's sein muss!

So macht man Shakshuka selbst

Die Zwiebeln, den Knoblauch und die Chilischote grob hacken. Wer es nicht so scharf mag, entfernt die Kerne und das Kerngehäuse der Schote und nimmt nur eine halbe. Anschließend alles in der Pfanne mit reichlich Öl auf mittlerer Hitze für einige Minuten anschwitzen. Derweil die Paprika hacken. Sind die Zwiebeln glasig, gibt man die Gewürze und die Paprika dazu und brät alles für weitere drei bis vier Minuten an.

Die Blätter von Petersilie oder Koriander von den Stielen zupfen. Die Stiele klein hacken und mit in die Pfanne geben, die Blätter als Garnitur für den Schluss beiseitelegen.

Nun die beiden Dosen Tomaten in die Pfanne geben und alles zusammen auf mittlerer Flamme für 15 bis 20 Minuten reduzieren lassen. Dabei regelmäßig umrühren und die Pfanne nicht komplett mit einem Deckel verschließen, damit die Feuchtigkeit entweichen kann und die Soße bis zur gewünschten Konsistenz eindickt. Die Faustregel lautet: Wenn man mit einem Löffel kleine Mulden in die Soße drücken kann, die nicht wieder volllaufen, sind wir glücklich.

Denn nun können die Eier in die Mulden aufgeschlagen werden. Für den optischen Effekt kann man das Eiweiß noch ein wenig mit einer Gabel in die Tomatensoße ziehen. Dann weiter köcheln lassen, bis das Eiweiß komplett gestockt ist, die Eigelbs[10] aber noch etwas weich sind.

Nun nur noch die Petersilie über die Pfanne streuen und eben jene auf den Tisch stellen. Am leckersten ist Shakshuka nämlich, wenn man etwas Brot zerreißt und damit alles direkt aus der Pfanne löffelt.

Bete'avon – guten Appetit!

Spartipp: Konserven

Hülsenfrüchte wie Bohnen oder Kichererbsen und dazu Dosentomaten haben mir schon manches Monatsende gerettet. Ein gut gefüllter Vorrats- und Tiefkühlschrank ist nicht erst seit der Corona-Hamster-Ära Gold wert. Tiefgefrorenes und in Dosen konserviertes Gemüse ist in vielen Fällen nämlich nicht nur günstiger als die frische Variante, sondern manchmal auch leckerer. Und manchmal sogar gesünder.

Bei TK-Ware liegt das vor allem daran, dass die Nährstoffe erhalten bleiben, wenn Obst und Gemüse erntefrisch schockgefrostet werden: »Wenn der Spinat nach vier Stunden schon verpackt ist, hat er gar keine Zeit, Nährstoffe zu verlieren«, erklärt Britta Klein vom Bundeszentrum für Ernährung.[11]

Fertiggerichte wie Dosensuppen und gezuckertes Obst mal ausgenommen, sind auch viele Gemüsekonserven reich an gesundem Geschmack. Dosentomaten etwa enthalten mehr Lycopin (ein Farbstoff, der das Krebsrisiko senken könnte) als frische Tomaten. Und wegen der langen Haltbarkeit muss man sich auch weniger Sorgen darüber machen, zu viel Gekauftes wegwerfen zu müssen.

PARATHAS: GEFÜLLTE INDISCHE FLADENBROTE AUS DER PFANNE

Was kostet das?

Pro Person etwa 1,50 Euro.

Wie lange dauert das?

Etwa 45 bis 60 Minuten.

Das braucht man für zwei Personen

Für den Teig:

- 200 g Weizen- oder Dinkelmehl
- 130 ml heißes (nicht mehr kochendes) Wasser
- eine Prise Salz

Für die Füllung:

- 2 Lauchzwiebeln
- 200 g geriebener oder zerbröselter Käse (zum Beispiel Cheddar, Mozzarella oder Hüttenkäse)
- 4 – 8 Zehen Knoblauch
- 1 kleine rote Paprika
- 1 – 2 TL Chiliflocken
- 2 – 3 EL Öl
- eine Prise Salz

Abkürzung:

Man kann, statt den Teig selbst zu machen, auch vorgebackene Wraps oder Weizentortillas im Supermarkt kaufen. Das ist zwar nicht dasselbe, aber wir wollen hier ja keine Sterne-, sondern entspannte Wohlfühlküche zaubern. Wer jedoch einmal gemerkt hat, wie einfach man sich Parathas selbst machen kann, wird nie wieder hungrig ins Bett gehen müssen.

In meiner Studi-WG besuchte mich einmal ein Freund, der sich noch »schnell etwas zu essen machen« wollte. Die Zutaten brachte er von zu Hause mit: Kochbeutelreis und tiefgefrorene Hühnerbrust. Beides kochte er gemeinsam in einem Topf voll Wasser. Am Ende gab er noch eine Prise Paprikapulver Edelsüß darüber – fertig war der Albtraum, der mich noch heute manchmal durchgeschwitzt aus dem Schlaf hochschrecken lässt.

Aber: Er hatte es versucht. Und das rechne ich ihm hoch an. Denn viele Männer in meinem Bekanntenkreis, junge wie alte, haben bis heute eine seltsame Berührungsangst mit allem, was in der Küche passiert. Neben sommerlichem Würstchengrillen und exzessiver Auseinandersetzung mit Ernährungsmethoden zum Muskelaufbau fehlen vielen unserer Brüder und Papas zu oft der Zugang und die Fähigkeiten, sich selbst zu bekochen. Ein Eiweißshake ist kein Essen, es tut mir leid. Ihr braucht etwas Besseres.

Manchen ist das inzwischen sogar selbst peinlich. Denn nach all den Diskussionen über Gleichberechtigung und toxische Männlichkeit wirkt es etwas aus der Zeit gefallen, sich von seinem Partner, der Ehefrau oder Mutter bekochen zu lassen.

Heute gibt es deshalb ein einfaches Basisgericht, das selbst küchenschüchterne Cis-Männer ohne große Vorkenntnisse hinbekommen: gefüllte Parathas – also indische Fladenbrote. Sie schmecken frisch und heiß oder auch kalt am nächsten Tag und können als Hauptgericht oder Beilage zubereitet werden.

Vor allem aber kann man Parathas easy an den eigenen Geschmack anpassen und herumexperimentieren. Ein paar Ideen dafür gibt es am Ende.

So macht man Parathas mit Käsefüllung

Mehl und Salz in eine Schüssel geben und das heiße Wasser dazugießen. Mit einem Löffel grob verrühren. Sobald man sich nicht mehr die Finger verbrennt, mit den Händen kneten, bis der Teig glatt ist, also keine Klümpchen und losen Mehlpartikel mehr zu sehen sind. Zu einer Kugel rollen und diese abgedeckt für zehn Minuten ruhen lassen.

Den Knoblauch schälen und in eine Schale reiben oder pressen. Chiliflocken und zwei bis drei Esslöffel Öl dazugeben. Alles für ein bis zwei Minuten in einer Pfanne, im Topf oder in der Mikrowelle erhitzen, um den Knoblauch etwas durchzugaren und ihm so seine Aggressivität zu nehmen.

Paprika und Lauchzwiebel in dünne Streifen schneiden.

Eine Arbeitsfläche mit etwas Mehl bestreuen. (Wirklich. Bitte! Es erleichtert das Leben enorm.) Den vorbereiteten Teig in acht gleich große Teile schneiden und diese mit der Hand zu Bällchen formen. Die Bällchen auf der Arbeitsfläche mit einem Nudelholz oder einer leeren Weinflasche (eine volle geht eher kaputt) dünn ausrollen. Bonuspunkte gibt es, wenn der Teig so dünn ist, dass man durchgucken kann – aber keine Löcher hat. Die Teigfladen auf einer Seite mit dem Knoblauch-Chili-Öl bestreichen. Noch einmal leicht salzen.

Nun gibt es zwei Wege. Entweder belegt man die Fladen jeweils halbseitig mit den vorbereiteten Zutaten und schlägt die leere Seite darüber. Oder man belegt einen Fladen vollständig und klappt ihn mit einem unbelegten Exemplar zu. In beiden Fällen sollte man die Ränder freilassen, anfeuchten und dann fest andrücken. **Vorsicht:** Die gefüllten Fladen sollten am besten direkt in die Pfanne wandern und nicht »roh« gestapelt werden, sonst kleben sie stark aneinander.

Die Parathas für drei bis vier Minuten auf jeder Seite in etwas Öl oder Butter anbraten. Danach kann man sie mit einem Messer teilen und sich daran ergötzen, wie obszön der geschmolzene Käse herausfließt.

Zu diesen Parathas passen saure Dips wie Quark oder Naturjoghurt mit Limettensaft und Minze; sie lockern die Schwere von Käse und Öl etwas auf. Und natürlich macht sich ein Paratha gut als Begleitung zu anderen indischen Gerichten wie dem Dal auf Seite 107.

Die Redewendung mit dem alten Hund, dem man keine neuen Tricks beibringen kann, ist in jedem Fall Nonsens. Experimentieren und dazulernen kann man immer. Mein guter Freund (mit dem gekochten Albtraum-Reishühnchen) ist inzwischen nicht nur zweifacher Vater, sondern kocht auch ein extrem gutes Chili und kinderfreundliche Bananenmuffins für seine Familie. Aber das ist vielleicht ein Rezept für eine andere Folge.

Geht da noch mehr?

Natürlich ist eine Tonne geschmolzener Käse auf Teig nicht der Weisheit letzter Schluss. Wer sich kulinarisch mehr zutraut, kann die Parathas auch mit anderen tollen Dingen füllen: vorgekochte Kartoffelscheiben und Cumin passen gut zusammen, ebenso Blattspinat und Paneer, rote Zwiebel mit Koriander oder Garam-Masala-Gewürzmischungen und Kichererbsen. Wer stattdessen eine einfache Beilage zu Currygerichten sucht, kann sie auch bloß mit Butter oder Kräuterbutter füllen.

SCARLETT-JOHANSSON-PASTA FÜR FRÜHLINGSGEFÜHLE UND DATES

Was kostet das?

Etwa 1,50 Euro, sofern man das Olivenöl nicht im Feinkostladen ersteigert.

Wie lange dauert das?

15 bis 25 Minuten, je nachdem, wie schnell man Knoblauch schnippeln kann.

Das benötigt man für zwei Portionen

- 250 – 300 g Nudeln
- 4 – 8 Zehen Knoblauch
- ½ Bund Petersilie
- ½ Zitrone
- 75 ml Öl (idealerweise Olive)
- etwas Salz
- optional: ½ Chilischote oder getrocknete Chiliflocken

Ein Tinder-Date inmitten der Coronakrise ist wie 20 Grad im Februar: Man freut sich wahnsinnig nach dem einsamen kalten Winter – auch wenn es sich moralisch nicht ganz einwandfrei anfühlt. Bloß wer kann ernsthaft »Nein« sagen, wenn die Frühlingsgefühle erst einmal im Magen herumrumoren? Eben.

Wer also Futter für anstehende Dates sucht und dabei vom immer noch couchförmigen Winterkörper ablenken möchte, kann sich wie ich von einem Film inspirieren lassen. Im fantastischen Roadmovie »Kiss the Cook« gibt es nämlich einen Moment, in dem ein simples Nudelgericht sogar Scarlett Johansson die Show stiehlt.

Die Szene geht so: Nach einem miesen Abend im Restaurant verschwinden Chefkellnerin Molly (gespielt von Johansson) und Chefkoch Carl (gespielt von Jon Favreau) in dessen abgerocktes Apartment – für Knutschen und Pasta. Der Sex-Appeal der Szene entspringt vor allem den lasziven Blicken von Johansson, die Favreau beim postkoitalen Brutzeln in der Küche zuschaut. Während die Kamera, die ihrem Blick folgt, meist nicht ihn, sondern seine Nudeln fixiert.

Als Zuschauer ist man beleidigt über jeden Schnitt, der statt der Küche die spärlich bekleidete Johansson zeigt. »ZEIGT! MIR! DIE! PASTA!«, denkt man sich. Und schreibt derweil Petersilie, Knoblauch und Kondome auf die Einkaufsliste.

Das Gericht selbst ist denkbar einfach: Neben einer kurzen Vorbereitung ist vor allem Mut notwendig, wenn man einem anderen Menschen Spaghetti samt einer ganzen Knolle öligem Knoblauch servieren möchte – und dabei nicht den selbstsicheren Blick verlieren will. Wer über die Knoblauchfahne hinwegsehen kann, darf sich über ein atemberaubendes 15-Minuten-Gericht freuen, das man in Ermangelung eines Dates auch hervorragend allein genießen kann.

So kocht man Pasta aglio e olio à la Scar Jo

Wer in der Küche ebenso unorganisiert ist wie ich, bereitet sich gut vor und hackt alle wichtigen Zutaten klein, bevor die richtige Action losgeht. Zum Beispiel während man einen Topf mit Salzwasser auf den Herd stellt und wartet, bis dieses kocht.

Zunächst den Knoblauch in feine, gleichmäßige Scheiben schneiden. Stolze Besitzer einer Mandoline können den Knoblauch damit hauchdünn schneiden – ich habe lediglich ein Kartoffelschälmesser, damit wird es nicht ganz so akkurat. Wichtig ist nur, dass die Scheiben etwa gleich dick sind, damit sie später gleichzeitig gar werden und nicht einige Teile schon verbrennen, während andere roh bleiben.

Die Blätter der Petersilie abzupfen, waschen und ebenfalls klein hacken. Optional die Chilischote halbieren, mit der Rückseite eines Messers entkernen und dann hacken. Alle Zutaten bereitstellen.

Nun die Pasta im inzwischen kochenden Wasser nach Packungsanweisung al dente kochen.

Nach fünf Minuten der Nudelkochzeit das Öl in einer Pfanne auf mittlerer Flamme erhitzen. Knoblauchscheiben (und gegebenenfalls die Chili) hineingeben und darauf achten, dass alles Kontakt zum Öl hat und nicht aneinanderklebt. Für einige Minuten rühren oder schwenken, bis der Knoblauch eine goldene Farbe annimmt. Jetzt kommt es auf das Timing an, denn der Knoblauch wird kurz darauf verbrennen. Um das zu verhindern, einfach die Hitze reduzieren und ein paar Löffel des Nudelwassers oder einen kleinen Schluck Weißwein hineingeben, um den Bratprozess zu unterbrechen.

Die Pasta sollte nun ebenfalls fertig sein – sie wird abgegossen und landet dann sofort mit der Petersilie in der Pfanne. Noch einmal durchschwenken, bis alle Nudeln gleichmäßig mit Öl, Knoblauch und Petersilie bedeckt sind.

Zuletzt die halbe Zitrone über der Pasta auspressen und alles anrichten. Im Film nutzt Chefkoch Carl dazu eine Fleischgabel, rollt die Spaghetti elegant darauf auf und lässt sie auf den Teller gleiten – wer das so hinbekommt, hat ein zweites Date nahezu sicher.

Ich wünsche guten Appetit!

ANMERKUNGEN

1 OECD-Studie »The Squeezed Middle Class«, https://www.oecd.org/social/under-pressure-the-squeezed-middle-class-689afed1-en.htm, 04.10.2019.

2 Centrum für Hochschulentwicklung, »Check Studienfinanzierung in Deutschland 2021«, https://www.che.de/2021/check-studienfinanzierung-zahlen-daten-und-fakten-zur-bafoeg-krise/, 08.12.2021.

3 spiegel.de, »Wenn man vom Azubi-Gehalt nicht leben kann«, https://www.spiegel.de/start/mindestlohn-fuer-auszubildende-wenn-man-vom-azubi-gehalt-nicht-leben-kann-a-802c1f80-8ba2-49ed-8165-74a61a517f0d, 26.01.2021.

4 spiegel.de, »Steigende Mieten verschärfen soziale Ungleichheit«, https://www.spiegel.de/wirtschaft/soziales/steigende-mieten-verschaerfen-soziale-ungleichheit-a-1235102.html, 25.10.2018.

5 Der Kontinent Asien umfasst mehr als China, Japan, Thailand und Südkorea, in den Themenwochen wird das aber leider meist vergessen. Auch Afghanistan, Iran sowie die größeren Teile Russlands und der Türkei liegen in Asien. Bei der kulinarischen Nutzung des Wortes »asiatisch« werden die meisten Länder und ihre Küchen leider ausgeklammert.

6 spiegel.de, »Diese Nudelsuppe macht glücklich«, https://www.spiegel.de/panorama/ramen-die-japanische-nudelsuppe-die-gluecklich-macht-a-68cbe35a-82b1-4d8f-a9d1-98002c333801, 07.06.2019.

7 spiegel.de, »Süchtig nach Shoppen? Diese Tipps helfen aus dem Kaufrausch«, https://www.spiegel.de/panorama/suechtig-nach-shoppen-diese-tipps-helfen-weniger-einzukaufen-a-00000000-0003-0001-0000-000000268906, 21.01.2016.

8 spiegel.de, »So schmeckt die Zukunft«, https://www.spiegel.de/politik/so-schmeckt-die-zukunft-a-11dc193e-0002-0001-0000-000150112489, 17.03.2017.

9 spiegel.de, »So lange sind Lebensmittel wirklich haltbar«, https://www.spiegel.de/gesundheit/ernaehrung/mindesthaltbarkeitsdatum-so-lange-sind-lebensmittel-wirklich-haltbar-a-1129560.html, 12.01.2017.

10 Ein Insiderwitz für Kielerinnen und Kieler (und alle anderen Fans der SPIEGEL TV-Doku »Youth Wars«).

11 spiegel.de, »Frisch, tiefgekühlt oder aus der Dose – was ist gesünder?«, https://www.spiegel.de/gesundheit/ernaehrung/frisch-tiefkuehlkost-oder-dosengemuese-was-ist-gesuender-a-1279204.html, 01.08.2019.